福祉の使命

木村都央
KIMURA SATONAKA

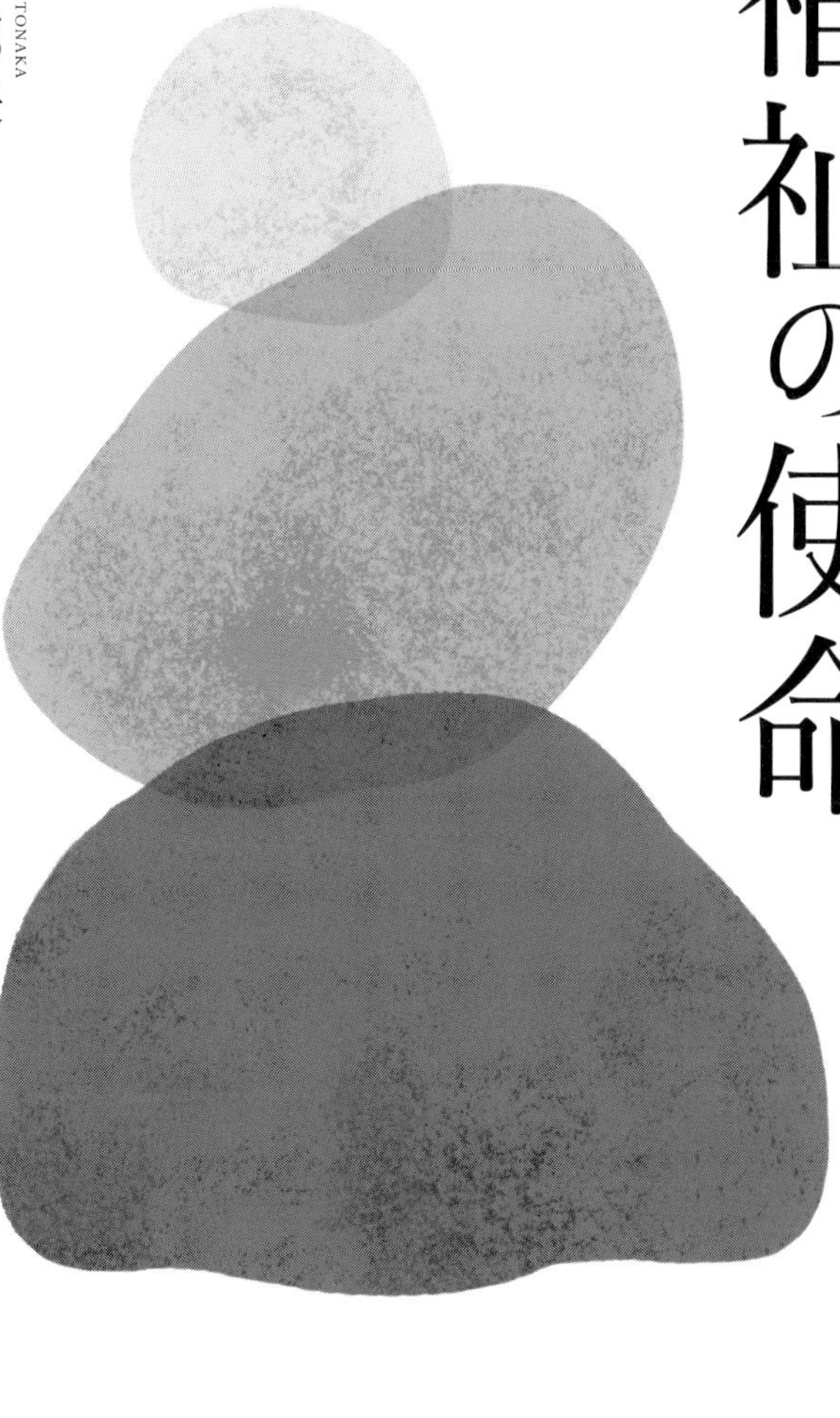

幻冬舎 MC

福祉の使命

はじめに

福祉の素人だった私が福祉業界に飛び込んで、２０２３年で45年になります。

現在は、茨城県県央を中心に、18施設・30事業所を運営するに至り、ともに働く仲間は１３００人を超えました。


事業を始めるきっかけは、私が日本専売公社、現在のＪＴ（日本たばこ産業）で人事労務の仕事をしたときに感じた問題意識にあります。当時は現在の何倍も女性の社会進出が厳しく、その背景には結婚・出産によるキャリアストップがありました。ＪＴはその当時の企業のなかでは女性雇用をはじめとした福利厚生にも積極的に取り組んでいましたが、支援制度はまだまだ不十分で、ほとんどの女性が結婚や妊娠をきっかけに辞めざるを得ない状況でした。

また、早朝や夜遅い時間帯、土日・祝日にも働く人に対応する保育施設はまったくないという現状も知り、一企業内で女性社員の応援をしていても社会制度が整っていなければ女性の社会進出は進まない、結婚・出産後もキャリアが終わることのないようにまずは世の中のニーズに合った子育て支援事業をするしか現状を打破する方法はないと奮い立ちました。

現在の制度、特に福祉制度はおかしい、子どもを抱え働けずに困っている多くの人々のために、保育園とは本来こうあるべきだ――そんな理想を叶えるために安定していた職を離れ、未経験の保育園経営を志す私を家族は応援してくれました。しかし、働く女性のため、早朝から深夜、休日まで子どもを安心・安全に預かることができる保育園をつくりたいという思いだけが先走る私の決断は、やがて家族を経済的に苦しめ、時に妻を仕事に巻き込むこととなりました。

そんなふうに周りに迷惑をかけながらも、１９７８（昭和53）年、私は茨城県水戸市のＪＲ駅前通りに「私立赤塚中央保育園」を開園しました。念願の働くお母さんと子どもの安心・安全を実現するための保育園です。当時このような形態の保育園は珍しく、すぐに地域で評判になりました。その後、認可外でありながら遊具などの設備も職員の配置も保育内容カリキュラムも、ほかの認可保育園より高い水準を維持し、24年もの間営業を続けました。

そうして、保育で培った経験を活かして、１９９５（平成７）年には家庭での自立した生活に不安があり支援が必要な高齢者のためのケアハウス「ハートピア石岡」を開設し、１００パーセント自己資本で社会福祉法人を立ち上げました。それを皮切りに、現在は保育園やケアハウスのほか、グループホーム、特別養護老人ホーム、介護老人保健施設、有料老人ホームを運営しています。

施設を運営するうえで常に変わらず目指し続けているのは、真に「利用者の尊厳を重視したケア」「利用者が喜び幸せになるための施設づくり」です。文字にするときれいごとに聞こえてしまうかもしれません。しかし、これが脱サラをして未経験で福祉業界に飛び込んだ私の強い思いで、時を重ねるうちに強い信念となり、事業を継続するための原動力にもなりました。

はじめに

日本の福祉施設の事業所数は年々増加しています。しかし私は、本来の福祉の意味を十分に理解し、その使命である「施設側のみの営利目的ではなく、個々の利用者が豊かで満足いく人生を送ることができる施設づくり」を履行して活動する施設ばかりではないと感じています。だからこそ私は、利用者が真に満足できる施設をつくっていくべきだと考えています。

本書では、私がその信念のもと活動するなかで、どのような壁にぶつかり解決して現在に至るのか、そして福祉の未来に思うことなどをまとめました。

私の話を丁寧に聞いて、原稿を読んでくれた編集者の提案により『福祉の使命』というタイトルになりました。少々大げさな感じもしてこそばゆい感は否めませんが、私の軌跡を共有することで、すでに介護の現場で活躍している方はもちろん、今後、介護の現場で働きたいと考えている方や社会福祉法人を設立しようとされている方など、福祉への志があるすべての方にとって、改めて福祉の本質を考えるきっかけとなれば著者としてこれ以上の喜びはありません。

福祉の使命 目次

第3章

年齢、経歴、介護レベル……さまざまな立場の人が集団生活を送るために

ケアハウスはすべての入居者に対して常に公平でなければならない

第5章

「自然豊かでも立地が悪い」という介護施設の通例を覆す アクセス至便な郊外で地域密着型トータルケアシステムを展開

第6章

福祉の未来をつくるのは「豊かな人材」 利用者の笑顔が100年後も続くためには

第1章

女性が社会進出できない状況を
憂いていたサラリーマン時代……

「育児と仕事の両立」には
長時間保育の実現が急務だ

大企業で気づいた働く女性の不自由さ

私が福祉事業に取り組んで２０２３（令和５）年で45年が経ちました。１９７８（昭和53）年４月、女性の社会進出を応援しようと茨城県水戸市に認可外保育園「私立赤塚中央保育園（現：はーとぴあ保育園）」を開設し、当時は珍しかった長時間保育、土日・祝日保育に乗り出しました。その後は高齢社会の到来に向けて１９９４（平成６）年に社会福祉法人「愛《めぐみ》の会」を立ち上げ、翌年９月にはケアハウス「ハートピア石岡」を開設して高齢者福祉業界への進出を果たします。さらに２０１０（平成22）年には医療法人「健甦会」を設立。現在は茨城県内においてケアハウスや特別養護老人ホーム、介護老人保健施設、保育園など18の施設と30の事業所を運営し、１３００人以上の職員を抱える「ハートピアグループ」の代表として、今も最前線に立ち地域密着で福祉事業に従事しています。

振り返ると、あっという間だった気がする半面、非常に困難の多い歳月だったとも実感しています。驚異的な戦後の高度経済成長が終わったとはいえ、私が人事労務を担当していた１９７０年代は、女性は家庭を守る存在というかつての共通認識のもと、依然として子どもが生まれたら退職して家庭に入るのが一般的でした。言葉は乱暴ですが、それによって女性は社会的に存在価値を奪われてしまうのも同然だったのです。

もちろん、未来を担っていく子どもは社会の宝であり、子育てがすばらしく意義のある大切な仕事であることは明白です。ただ、決して子育てに限ることなく、多くの仕事で女性が発揮できる能力には非常に大きなものがあることを私は実感していました。実際、職場では「女性だから」という理由で仕事をまっとうできないことへの不満の声を耳にすることもよくありました。そのたびにどうにかしなければならないという思いは強くなり、何度も同僚や上司に相談したものの状況は変えられませんでした。そんななか思いついたのが、社会全体で働く女性を理解してフォローできる環境さえ整っていけば、家庭と仕事の両立は決して難しくないだろうということでした。

ただ、両立への障害はあまりにも多く、子どもを預かってくれる保育施設の少なさから始まって、男性側の理解や協力をどのようにして得るか、子どもができたら女性は家庭に入るといった古くからの固定観念やそこに縛られた周辺の年配者の意識を変えていく必要性まで、数え上げればきりがありません。

私が日本専売公社にいた当時、庶務課には保育園がありました。ただし受け入れ可能な子どもの年齢には定めがあり、小さな子どものいる女性たちはそこを利用し、ある程度大きくなると別の保育園に移さねばならないといった状況でした。

総務の業務の一つとして保育園の指導管理も担当していた私は、ほかにも子どもを抱えて出退勤する女性職員たちからの相談を受けていました。そんな仕事のなかで、子どもの年齢に合わせて、保育士の資格をもつ職員を確保しなければならないことを知りました。

もちろん、社内の保育園は必要な基準をクリアしていました。だからといって一人ひとりの子どもに目が行き届いているかどうかは別です。ただ子どもを預かるだけで精一杯というのが現実でした。例えば、子どもの手足に多少の障害があるといった場合でも、養護施設の職員に相談したり施設と連携を取ったりするような配慮までは手が回っていなかったのです。

一方で、日本専売公社そのものも大きな変革期を迎えていました。すでに１９８５（昭和60）年の民営化に向けて企業の合理化に動き出しており、何度も大規模な人員整理が繰り返された結果、１２００～１３００人いた職員は７００人ほどにまで減っていました。

私はといえば多くの職員に早期退職を勧める担当者の一人でした。個人的には退職を勧奨するという仕事が耐えられなくなってきていましたし、社会的に健康志向が年々高まり喫煙が社会から徐々に避けられるようになったことも相まって、将来自分が活躍するべき場所はここではないと思うようになったのです。

いちばん世話になっていた上司に退職願を出すと驚かれ、周囲からも強く引き止められましたが、まだ漠然としていたとはいえ、私にはやりたいことがありました。その気持ちのまま思い切って退職したのでした。

少しの間は空虚さも感じましたが、一方でむしろ爽快感のほうが大きかったことは今も覚えています。これで何か思い切ったことができる、社会のためになる仕事ができると思いました。日本の将来や、地域、個人の家庭のことなどいろいろと考えて、総務の仕事のときに見てきたような身近な女性たちの助けになりたい、人助けのため命懸けで働きたい……そう思ってたどり着いたのが保育園の開園でした。大切なわが子を私たちのもとに預けることで、能力ある女性には伸びやかに仕事をしてほしい、子どもを抱えて仕事ができず本当に困っている人たちのために働くのだという気持ちで、私は全力で保育園の用地探しから動き始めました。

探し始めてほどなくのこと、ちょうど地元の茨城県水戸市のＪＲ駅前通りで、廃業した家具店の大きな建物と出会いました。裏側には大駐車場があって、駅前通りに位置しているため人通りも多い場所です。好機と考えその空き家を借りて建物を大改装し、60人規模の保育園を開園したのが今から44年前、41歳のときのことです。

起業時に思い出す母の姿

日本専売公社は福利厚生の改善に積極的に取り組む会社でした。ただ、それでも職員の声を聞く限りでは、働く女性を支援する制度はまだまだ不十分で、ほとんどの女性が結婚や妊娠をきっかけに辞めざるを得ない状況は変わらず、能力のある人材がたくさん退職していきました。

総務の仕事で私が相談を受けた、何人もの働く母親たちのことを思い出すと、今もやるせない思いがつのります。彼女たちはやる気があって仕事もできるのに、制度や規則に縛られ、仕事をまっとうすることができないまま無残にもその可能性を奪われてしまっていました。

男性である私の何倍も努力をして真面目に仕事を重ねているのに、結果として実を結ばないどころか評価にも結びついていきませんでした。それどころか、女性たちのささやかな希望、ごく普通に仕事を続けることさえ叶えられない例があまりにも多過ぎました。彼女らが仕事を続けられるように制度や施設を整えたいと考えても、一担当者の私の力はあまりにも小さいものでした。

当時、深夜や土日に働く人はいうまでもなく多少遅い時間まで自由にならない親子に対応する保育施設は、私が暮らしていた故郷北関東の茨城県はおろか日本全国を見てもほとんどありませんでした。そんな現状に接するにつれ、社会制度が整わなければ女性の社会進出はあり得ないという現実を強烈に感じました。結婚・出産後に退職せざるを得ない現状を打破するためには、まず世の中のニーズに合わせた保育支援を自らつくりだすしかないことに改めて気づいたのです。

そんなとき、脳裏に浮かんだのは、私を含めた兄弟を働きながら育ててくれた母のことでした。東京で警察官という責任ある仕事に就いていた私たちの父は、家庭や育児は母に任せきりという、いわば昭和初期までの日本のスタンダードといえる父親像でした。母は家を守り、わんぱくな子どもたちを育てながら酒やたばこなどを販売する雑貨商のほか、農業と酪農を営んでいました。乳牛を3頭飼育しており、牛乳を販売し配達する仕事を日々行っていたのです。

母は雨の日も風の日も、牛乳瓶をぎっしりと詰め込んだ大きな袋を通学する私の自転車にくくりつけ、毎朝、集荷所と契約をしている個人宅に配らせました。コンビニエンスストアなどという便利な存在など夢にも想像できない時代、毎朝届く新鮮な牛乳は町の病院や家庭にとっての大切な栄養源だったのです。

飲み終えた空き瓶は下校時に朝と同じルートをたどって回収しながら帰りました。これが毎日続くのですから、私はかなりの距離を重たいガラス瓶とともに移動せざるを得ませんでした。

すでに社会に出て働いている兄や姉の代わりに、三男の私が母の牛乳配達を手伝いました。仕事を任せられるのは誇らしくもありましたが、慣れてくると少々面倒さも感じました。毎朝早起きをしなければならず、しかも身体を使う割に派手な仕事内容にはほど遠いものだったからです。

朝の配達後は、どうしても学校に遅刻をしてしまうことがありました。全校集会（朝礼）のある日などは必死に自転車のペダルを踏み、整列して校長先生の話などを聴く全校生徒の前を通っていくと、「ガンバレさとちゃん」などと声が掛かり嘲笑も重なって、ずいぶん恥ずかしい思いをしました。

そんなことを不満に思ったこともありましたが、当然ながら母は気にも留めません。昭和はそんな時代でした。すべては自己責任のもと取り組む、泣き言は言わない、愚痴は吐かない、一生懸命に誠実に生きるなど、一つひとつ教えられるわけではなくとも、身をもって実践している自分の姿を無言で示す母から得られた力強さは、私のなかに深く深く根付いたのです。

日本専売公社を辞めて保育園を始めようとしたときに浮かんできたのは、まさにそんな母の姿でした。少しも目立つことなく苦労ばかりが多いようでも、自分がやると決めたことを正しいと信じて追求する。母が自分の背中で私に伝えてくれたのは、愚直ではあっても信念をもって最後までやりぬく行動力の尊さだったのです。

実際、保育園を立ち上げてからも、私がたどったのは金銭的にも苦労の多い歩みでした。本当に困ったときは実家の兄弟姉妹や母を頼りました。そのたびに何も聞かず、もちろん説教じみたことなどいっさいなく、みんないつも私を心から応援し続けてくれました。また、人に喜ばれるような仕事をすること、いつも明るく正しく元気よく、人には絶対に迷惑をかけたり後ろ指をさされるような行いはしないこと……「人のふり見てわがふり直せ」といったことを、幼い頃に耳にタコができるほど言われたことも思い出します。

もう一人、私の最大の応援団にして理解者となってくれたのは妻でした。母と同じように口数は少なく、しかし意志の強い彼女は、私の保育園計画をすぐに理解してくれたばかりではなく、二児の母親として子育てをしながら開業当初からスタッフとして加わり、細やかな配慮で私を支え続けました。

二人の息子の存在

母や妻以外にも、保育園の仕事を始めた頃の私を救ってくれたのが二人の息子の存在です。当時の私は仕事に追われていたため、息子たちにはろくに言葉さえ掛けないまま、日々を過ごしていました。それが父親として正しい姿だったのかは分かりませんが、私自身は二人の息子の存在に大いに助けられていたという紛れもない事実があります。

ある日のこと、保育園で最後まで残っていた園児を迎えに来た保護者に渡し、後片付けと翌日の準備を済ませた私は、車で帰宅しました。

心身ともに疲れた状態で家に戻ると、そこには大勢の親戚が、それまでほとんど来たことのなかった人も含めて上がり込んでいたのです。

驚いた私は、いったいどうしたのかと聞きながら部屋の中央の椅子に座り込むと、叔父の一人からいきなり怒号が飛びました。
「都央がこのまま仕事を続けたら、この家は墓の土までなくなってしまう。今の保育園の仕事をみんな辞めてほしいんだよ」――そんなことをまくし立てられたのです。

すでに親戚同士でさんざん話し合っていたらしく、叔父の周りにいる親戚はみんな顔を見合わせながら、そうだそうだ、と言って私に応じるように求めます。

私のそばにいた妻は今にも泣きだしそうな表情をしていました。その妻には、まだ幼い私の長男と次男があどけない表情をして寄り添っているのです。

私は親戚全員に向かって、「ここで結論を出せというのなら、まだ小さいけれどこの二人の子どもたちに結論を出してもらったらどうだろう、皆さんそれでいいですか」と言ったのです。

すると全員が、二人はここの跡取りなのだからそれでいいだろう、と答えました。

そこで私は二人に向かって、「今の話を聞いたろう、お父さんが今の保育園の仕事を続けたほうがいいか、それとも辞めたほうがいいか、よく考えて答えてくれ」と語りかけたのです。

二人は私の顔をじっと見つめながら口々に「お父さんは今の仕事を続けたほうがいいよ」と答えたのです。

その様子を見た親戚たちは、二人の言葉にしばらく押し黙っていましたが、やがて、それでは仕方ないな、といった表情を浮かべながら、何も話さないまま一人、また一人と私の家から去っていきました。

福祉の仕事へと一途に、無我夢中で働いてきた父親の背中を、二人の息子がどんな心境で見ていたのか……私には知るよしもありません。

しかし、息子たちの存在があったからこそ、私は福祉の仕事をここまで続けることができたのだと思います。

二人の息子はそれぞれ大学を卒業後、長男は市立中学の教壇に立ちながらサッカー部の顧問として、次男は大手自動車ディーラーのトップセールスマンとして活躍しました。そして二人は私の強引な勧めに応じて、現在はそれぞれ私の経営する高齢者施設の施設長を務めてくれています。

理想の保育園、7つの条件

前職の総務担当だった時代に、働く母親たちから相談を受けた私はその理不尽な状況に強い義憤を感じました。そして誰もしないのなら私がつくるしかないと、理想の保育園の青写真を少しずつ考えてみました。その内容は今も残してあります。振り返れば、内容には現実味に欠けるような部分も少なくありませんが、当時の理想を改めてここに記します。

条件1　保育が必要な親子のために早朝から深夜まで長時間開設する

早朝からの仕事、夜の仕事、土日や休日の仕事など、時には個人のどうにもならない事情より仕事を優先させなければならないこともあるでしょう。また、経済的な状況から、夜（深夜）の仕事をしなければならないケースもあります。そのような場合、定時しか保育を行わず、一定の時間になると子どもを迎えに来てほしいと連絡する保育園では、安心して利用することはできません。確かに親との連絡を密に取る必要はありますが、その場合まずは安心してもらえるよう、仕事が終わったら気をつけつつもなるべく早く迎えに来てください、といった形で伝えるべきです。

条件2　安全第一、登園からお迎えまでの安全責任保障

いったん子どもを預かった以上はちょっとしたけがや発熱があった場合も保育園が契約する医療機関で診てもらうよう対応し、記録を保護者に報告するようにしています。

子どもの健康と安全の確保が何よりも第一であり、常に安心して行き届いた保育を受けてもらえるように、万一に備えて無制限補償保険に加入しています。また、施設を管理する責任の重大さを常に自覚しながら、開設時から大手警備保障会社と契約して巡回やセンサーによる昼夜万全の警備態勢をとっています。

条件3　充実した設備や遊具を完備し、レベルの高い保育内容を実施

設備や遊具は、ほかの認可保育園以上に充実した状態で完備して、保育計画やカリキュ

ラムを常にゆとりをもってこなすよう留意しています。日々、いきいき伸び伸びとした生活のなかで子どもの社会性、自主性と協調性、忍耐力などを育み、思いやりや優しさといった人格形成の基礎づくりなど大切なことはすべて保育園で体得できるように目指しています。

条件4　国や自治体が定める基準以上に職員を採用し配置

保育士、栄養士などで優秀な職員を配置基準以上の人数を採用しながら、常に職員の資質向上に努めています。ゆとりある保育を進め、子どもたちが明るく元気よく園活動を普段から営んでいけるように全力で取り組んでいます。

条件5　食育のすすめ

保育園ではみんなで楽しく食事を取るなかで、子どもの偏食をなくし、よく噛んでおいしく食べることを目指しています。保育する子どもが食事を取る時間を通して、食事を作ってくれる人、食材の農産物を丹精込めて作ってくれる人たちに心から感謝することを忘れないよう呼びかけています。食べ物を無駄にせず、粗末にしない、食品ロスにつながるようなもったいないことをしないなどの食育を、子どもたちによく分かるようにしっかりと教え込んでいくことが大切です。

幼児期にこそ、これらのことをよく理解できるように子どもたちに繰り返して教えていくことが必要だと考えています。

条件6　保育園経営の健全化、透明化と情報開示

経営にあたっては、認可外施設であるため行政からの補助金なしではありますが、保護者から預かった大切な保育料をもとに運営している以上、健全な状態を常に目指していかなければなりません。健全化のためには会計経理の透明化は信頼を高めるうえでも必須です。私は、会計については当然広く公表する義務があると考え、職員の給料の支給、税務申告、社会保険事務のすべてを明らかにし、公表しています。職員の社会保険関係も、全員漏れのないよう厳しくとらえ、常に留意しています。

条件7　社会貢献事業活動に携わる

私は、地域社会と保育園、家庭それぞれによる三者一体となった協力なしには、健全な良い子どもの育成はできないと考えています。このうちどれか一つが欠けても子どもの育成はうまくいかなくなるといわれています。

そこで私は、子どもの家族と地域を巻き込んで一体となれるように、私の施設の入所者や家族、地域に呼びかけて夏祭りをはじめとした年2回の集いを開催しています。さらに年中無休でいつでも何でも無料で相談できるフリーダイヤル電話回線の開設など、社会貢献事業にも取り組んでいます。

理想の保育をするために長時間の無認可保育を続ける

私は、ここに挙げたような条件を叶えられる理想の保育園を目指し、最初の保育園を開業しました。なかでも最も重きを置いたのは長時間保育でした。常に働く母親と子どもの幸せを最優先とすることを考えたときには、それが必要不可欠な条件であると確信したからです。朝は午前6時頃から受け入れを始め、夜も預かる時間に制限は設けませんでした。母親が出張に行かねばならないとか、残業のまま終電を逃してしまう予期せぬ出来事が多々あることは、経験上理解していました。深夜営業の飲食店などで働く母親たちもまた、夜中に安心して子どもを預けられる施設があれば……と切実な願いを漏らしていました。

こうした現実を見て見ぬふりをしては、保育園を始めた意味がありません。24時間対応可能な保育園の設立に、私はいっさいの迷いもありませんでした。時折、周囲の人から、仕事といっても母親が遊んでいるようなこともあるのでは、と指摘を受けることもありました。しかし、私自身はそれでも続けるべきだと思ったのです。言葉にすることは簡単ですが、一日一日、それは大変な毎日でした。

開園から30数年も過ぎた頃、24時間保育で本当に良かったと思える日がやってきます。それは２０１１（平成23）年3月11日、東日本大震災が発生したときのことです。

震災が発生した当初、電車もバスも止まってしまい誰もが日常の足を奪われました。けれど仕事は待ってくれません。私たちは子どもを自分の車に乗せて自宅に連れ帰り、翌日、各自安全に帰宅させました。余震が相次ぎ子どもたちを安心して預けられる身内もいない――私の周囲だけでなく、あの日は日本中にそんな親子が溢れていたはずです。

図らずも、いちばん大切だと考えた保育園の条件の意味が証明されたとも考えられます。ただし、その実現のためにあえて捨てたものもありました。

私は保育園を無認可保育園として始めました。24時間保育を可能とするために取ることができる唯一の選択肢がそれだったからです。

「認可保育園」とは「国が定める基準をクリアした保育施設」です。もちろん、保育料や面積など、基準のほとんどは納得できるものとなっていますが、その内の一つに「保育園の開所時間は原則11時間以内」という条件があるのです。もちろん、これでは私が望む保育を行うことができません。

こうして無認可保育園を始めて24年間、私は24時間対応の取り組みを続けました。早朝から深夜まで年中無休。しかも無認可ですから公的機関からの補助金はゼロです。これを続けるために自宅を担保に入れたこともあります。私自身に無制限の生命保険をかけ、母や兄弟、姉妹には何度も頭を下げて資金を借り、自分は少しでも時間があればアルバイトをするなど、経済的にはどん底の状態が続きました。

スタッフにも給与支払いなどの面で一時的に迷惑をかけたこともあります。ただ、彼女たちは私の姿勢を理解してくれましたし、結果として給与支給日の遅延はあっても未払いは一度としてありませんでした。

一方で、経済的に苦しくどうしても保育料を払えないというような家庭に対して、できる限り相談に乗りました。相手の状況を理解し、あるときにあるだけの支払いをすればOKとしていました。もし保育園を企業におき換えて考えると、無茶苦茶な話ではありますが、そこまでしたのは心が通わない福祉では本末転倒だからです。

24年の間には、子どもを預ける父親や母親からは、子育てと仕事の両立ができました、とか、深夜まで仕事が遅くなっても子どもをちゃんと見てもらえる安心感から笑顔で子どもと接する時間が以前よりずっと増えました、といったような、たくさんのうれしい言葉をいただきました。

子どもがぐずったり、癇癪を起こしたりすることが減ったという声も聞きます。ある母親は、自分が落ちついて安定した気持ちで生活できるようになり、子どももそれを敏感に感じ取って心が落ちついたのかもしれませんと話してくれました。

私たちの仕事が多くの家族の幸せな生活を支えるための確かな一助になっている。そして、それが子どもたちのたくましく健やかな成長にもつながっていると考えると、しみじみと手応えを感じてうれしくなります。なんて頑張りがいのある仕事だろうと自然に微笑んでしまうのです。

第2章

進む高齢社会——「保育」の次は「介護」の課題解決へ

必要なのは「要介護」のための施設ではなく、「元気で長生き」するための施設

安心・安全な保育園を続けた結果、新たに見えてきたもの

働くお母さんとその子どもの幸せな笑顔や喜びの声を耳にしながら、24時間対応の運営を続けていくうちに、少しずつ私の保育園は軌道に乗り始めました。私は相変わらず利用者が幸せになる施設づくりが自分の役割、そして、地域の人を幸せにする仕事がしたいという一心で働いていました。

だからこそ、ようやく安定してきたとはいえ、保育園だけではまだまだ足りない、と気づいたのかもしれません。開園から十数年が過ぎた約30年前、時代は１９９０年代に入っていました。

保育園の運営で地元の皆さんの生活を注意深く見守っているうちに、次に力を注がなければならないのは、高齢になって施設で暮らすお年寄りの生活環境を良くすることではないか、と考えるようになったのです。

今でこそ印象も大きく変わりましたが、その頃までの高齢者施設といえば、言葉を選ばずに表現するとすれば、暗く閉ざされ人里離れた遠い場所というイメージがつきまとっていました。たくさんのお年寄りがなんの面白みもない暗い建物に集められ、住み心地や生きる喜び、楽しみなどは二の次のような生活を送っている……実際、入居している人たちには笑顔が少なく、元気そうにも幸せそうにも見えなかったのです。

「高齢化社会」という言葉は今では当たり前のように使われますが、実ははっきりとした定義があります。この言葉は、１９５０年代の国連での報告書から生まれたものとされ、全人口に占める65歳以上の割合が７％を超えると「高齢化社会」、割合がその２倍の14％に達したものを「高齢社会」といい、さらに21％を超えると「超高齢社会」になると規定されています。

日本はといえば、早くも１９７０（昭和45）年に「高齢化社会」に突入しました。その後も高齢化率は急激に上昇し、１９９４（平成６）年には「高齢社会」、２００７（平成19）年に「超高齢社会」が現実となってしまいました。２０００（平成12）年にスタートした介護保険制度は、急速に進行する日本の高齢化を前に、しっかりとした福祉の仕組みをつくるためのものだったといえます。

しかし、私が高齢者の暮らしが気掛かりで仕方なくなったのは、その介護保険が始まるより10年も前でした。高齢者の生活、ましてその質やあり方が真剣に考慮されることなどほとんどない時代、そのための福祉施策などもまったく整っていなかったのです。

施設に住む高齢者が「幸せそう」にも「元気そう」にも見えないのはなぜ？

高齢者施設の原型は養老院（１９６３〈昭和38〉年以降は老人ホームに名称変更）とされました。この養老院・養老施設は生活保護法に基づき、身寄りがなかったり、金銭的な事情で生活が困窮していたりする高齢者を保護するためにつくられた施設でした。

かつて、昭和の半ばくらいまでの日本は大家族が多く、年老いたあとは子どもや孫などの世代に面倒を見てもらって暮らす人がほとんどでした。ただ、そうした生活様式から外れてしまう人もいます。養老院・養老施設は、家族に支えてもらうのが難しい人たちのために、国民の最低限の生活を保障することを目的に国が制定した生活保護法に基づいて用意されたものでした。

その結果、設備もサービスも簡素で、決して良質とはいえないようなものとなっていました。例を挙げるなら、画一的な造りの８畳間に４人くらいが入居し、規則やタイムスケジュールを優先させた味気のない日常生活が常でした。入居者一人ひとりの意思を尊重するような多様性は皆無に等しかったのです。

ところがそのような状態にもかかわらず、養老院・養老施設に入居を希望する人はどんどん増えていきました。金銭的に困窮している人に限らず、独居生活が難しくなり、施設に移りたいと順番を待つ人もたくさんいたからです。

そのような事態がようやく改善されたのは、１９６３年に老人福祉法が制定されてからです。

老人福祉法は高齢の国民すべての心身の健康や生活の安定を保障するため、国が必要な福祉を図っていくことを明確に示した法律です。

老人福祉法の第一章第二条に「老人は、多年にわたり社会の進展に寄与してきた者として、かつ、豊富な知識と経験を有する者として敬愛されるとともに、生きがいを持てる健全で安らかな生活を保障されるものとする」とあります。

現代から見れば至極当然のことですが、その頃はまだお年寄りに対して、過去の人とか、もう働けなくなった世の中のお荷物などととらえ、敬意を表さず軽視する風潮が根強く残っていました。

しかしこのような風潮は老人福祉法の制定によって一掃され、それまで民間の慈善事業に頼っていた高齢者福祉が初めて国の制度として位置付けられたのです。そして、養老院・養老施設は「老人ホーム」と改称され、さらに特別養護老人ホーム、養護老人ホーム、軽費老人ホーム、有料老人ホームの４種に細分化されるようになりました。

これらは各種類で内容が大きく異なります。まず、特別養護老人ホームは、中～重度の介護を必要とする高齢者が対象の介護施設です。つまり、常に介護が必要な人が介護を受けながら生活する場所ということになります。次に養護老人ホームは、介護の必要性に関係なく、環境的・経済的に在宅生活が困難な高齢者を対象とした施設で、社会復帰・自立生活を目指し訓練を受けながら生活します。

そして軽費老人ホームは、身寄りがない、あるいは家族からの援助が困難などの理由で、自立した生活に不安がある人が無料または低額で入居できる施設です。ここでは食事や入浴など日常生活に必要なサービスが提供されています。一方で、有料老人ホームは、入浴・排せつ・食事等の介護、洗濯や掃除等の家事、健康管理、食事の提供などのサービスのうち、いずれか１つ以上を提供している施設のことをいいます。その目的や介護サービスの提供方法、入居対象者などによってさまざまな種類があり、主に、介護付き有料老人ホーム、住宅型有料老人ホーム、健康型有料老人ホームの３種類に分類されています。

その後、１９８２（昭和57）年の老人保健法（現在の「高齢者の医療の確保に関する法律」）制定、そして２０００（平成12）年の介護保険法の施行を経て、要介護度など新たな基準が設けられたことで、現在では介護施設の定義はより複雑になりました。

私が高齢者福祉の仕事を志した１９９０年代初頭はといえば、世の中はそうした高齢者用入居施設の整備を急いでいる真っ最中でした。１９８９（平成元）年に始まったゴールドプラン（高齢者保健福祉推進十か年戦略）では、高齢社会の到来に向けて、必要な高齢者施設の建設数や介護に当たる人材の確保に具体的な目標数値が設けられました。

また人材に関しては、１９８７（昭和62）年に社会福祉士及び介護福祉士法が成立しました。これにより、介護のプロフェッショナルである介護福祉士が誕生し、高齢者や障害を抱える人のケアを任せられるようになりました。

こうして徐々に、設備や介護スタッフが数多く用意されるようになり、準備が整ってきたというわけです。こうした社会の動きを目の当たりにした私は、日本もようやく歳を取っても安心して暮らせる世の中になるのだなと、感動したのを覚えています。

当時の私は、自分の老後はまだ先の話だと思っていました。それでも国民の一人として、スピーディーな高齢者福祉施策の進展を心強く受けとめたものです。

ところが、これですべてが解決するわけではありません。私は、介護施設開設に向けていろいろな老人ホームを見学するうちに、大事な何かが欠けていると感じるようになりました。どの施設を見ても、生活するお年寄りたちから元気さと幸福感が伝わってこなかったのです。その理由を探してみると、施設側に、元気で長生きしてもらおうという視点がまったく見当たらないことに気がつきました。

新しかった「元気で長生きできる高齢者施設」の発想

国によって次々に定められた、お年寄りに健康な状態で長生きしてもらうという高齢者福祉のあり方は、当時はまだまったく浸透していませんでした。

昔からどんなに長生きしても元気でなければ楽しい余生を送ることはできないとか、健康に気をつけて上手に歳を取っていこうといった健康志向の価値観は存在しました。ですから、人々は健康長寿を神仏に祈願したり、日常生活でも自分なりの努力や工夫を施しながら、年齢を重ねてきたのです。

これが2000（平成12）年になると、世界保健機関（WHO）が新しく提唱した高齢者の健康に関する指標である「健康寿命」が登場しました。これは厚生労働省によって「健康上の問題で日常生活が制限されることなく生活できる期間」と定義されており、人間が生来もつ自然な生命力をエビデンスに基づいて可視化した、分かりやすい指標ができたわけです。

２０１９（令和元）年の厚生労働省の資料によると、男性の平均寿命は81・41歳、健康寿命は72・68歳で差は８・73年。女性では、平均寿命は87・45歳、健康寿命は75・38歳とその差は12・07年あります。前回（２０１６年）の調査と比べると、男女とも平均寿命が延び、健康寿命との差は縮まっていることが分かります。元気で長生きする人が増えたと考えれば、とても喜ばしい結果です。

しかし、私が高齢者福祉を志すようになった当時は健康寿命の指針がまだなく、元気で長生きすることの重要性が広く語られる以前でした。つまり、自立生活ができなくなったお年寄りを１カ所に集め、日常の世話をするというのが、高齢者福祉とされていたのです。もちろん、それも重要な支援ではありますが、元気を保ち幸せな日々を送ってもらうことを目指す今の高齢者福祉とは決定的にスタンスが違いました。

利用者の笑顔溢れる高齢者施設を私がつくる！

元気で長生きするためには、その人が幸福感や生きがいをもち、日々生きていることを楽しいと感じることが重要だと私は考えています。リハビリテーションや栄養管理の行き届いた食生活で健康を維持することも大切ですが、その人自身が、動きたいとか食べたい、さらにはもっと生きていきたいという意志をしっかりともつことが本物の元気を生み出すのです。

では、人間はどのような状態のときに生きているのは楽しいな、幸せだなと感じるのかといえば、それは人それぞれの性格や考え方、好き嫌い、立場や環境などで左右される部分はありますが、安心感と自由度のバランスが取れた環境にあることが基盤にあると私は考えています。

１９６３（昭和38）年から始まった高齢者福祉の施策は、介護施設に入居する多くの高齢の方たちに安心感をもたらしたはずです。そこで暮らしていれば住まいの心配をすることはなく、多くの人に囲まれて孤独を感じることもありません。なんといっても、食事や入浴など身の回りことを自分で行うのが難しくなってしまっても、職員たちが世話をしてくれるため、不安やストレスは軽減されることでしょう。

ところが実をいうと、世話をしてもらえるとか守られているという安心感と、管理されている、あるいは束縛されているという不自由感は紙一重なのです。自分一人でできること、あるいは自分の意思でしたいことがあるのに、規則に縛られ、管理や制御ばかりされてしまうと、不自由さを大きく感じてしまいます。

かつて痴呆と差別的に呼ばれていた認知症の患者は、いわゆる老人病院への長期入院（社会的入院とも表現しました）を迫られていました。そこでは部屋に鍵をかけられ身体も拘束されるという、入院治療とは名ばかりの人権的に問題になりかねない実態がありました。

１９８０年代になると、認知症患者も高齢者福祉施設に入居できるようになりました。しかし、以前のようなお年寄りの生活を管理するという発想は、程度の差こそあれ、高齢者施設全般の運営に長く影響を残していたのではないかと思います。

特に、入居者の人数が多い大型の高齢者施設は、自由度の少ない介護体制の施設がほとんどでした。そこでは、タイムスケジュールや規則が最優先とされ、介護者がいかに効率的に働くか、いかに入居者を管理するかといったことに重点をおいた施設運営となっていたのです。私の目には、入居者はそれに黙々と従うしかなく、感情の起伏がない毎日を繰り返しているように映りました。

せっかく老人ホームの種類を増やし、それぞれの条件にあてはまる施設に入居できる体制に整えたにもかかわらず、蓋を開けてみると窮屈さは以前と変わっていなかったのです。

幸せな人は屈託のない笑顔を見せてくれる、というのが私の持論です。幸せを感じながら生きている人の笑顔はとても自然です。自分を取り繕ったり、意識的に笑おうとしたりしたときに表れるものとは次元がまったく違う、格別の輝きがあります。これは、保育園の経営で子どもたちや父親母親の笑顔に触れて実感したことです。

しかし、私が見学した高齢者施設では、残念ながらそのような笑顔がまったく見られませんでした。話しかけると微笑みを見せてくれる人はいても、どこか生気がないような、自分の人生に楽しみをもたないような、諦めにも似た雰囲気が施設全体に漂っているように感じられたのです。

こうした光景を目撃した私は、もっと快適で入居者がとびきりの笑顔になるような施設づくりを目指したいと思い、自問自答を重ねてきました。

住み心地が良ければ、それだけでほんの少しでも明るく前向きな気持ちになる。前向きな気持ちになれば、新しいことを始めたり、自分から何か行動を起こしたりするチャンスが増えるだろう。私はこのように考えるようになりました。

そして、毎日が楽しくなれば幸せを感じることができ、笑顔で過ごす時間もきっと増える。そうしたら、生きがいがもてなかったお年寄りも、自然と元気で長生きしたいと思うようになってくれるのではないだろうか、と高齢者施設の理想のあり方が見えてきたのです。

何より、元気なお年寄りが増えれば、病院や介護での税金負担が減るわけですから、行政にとっても医療費や介護費などの出費を抑えることができるでしょう。結果的に、お年寄りの幸せで健やかな暮らしが実現できると同時に、地域社会の財源まで守ることができるのです。これも地域に貢献する大切な仕事だと考えた私は、笑顔溢れる最高の高齢者施設をつくろうと決心しました。

そのように考え出したら居ても立ってもいられず、まずは軽費老人ホームの一種に含まれる「ケアハウス」の設立に向けて準備を始めました。

ケアハウスは当時、制度が生まれたばかりの高齢者入居施設でした。このケアハウスという新しいタイプの施設なら、私が理想とする高齢者福祉のあり方を実現できるに違いないと考えたのです。これが私の高齢者福祉事業に取り組む第一歩となりました。

制度が始まったばかりの「ケアハウス」に着目した理由

ケアハウスは１９６３（昭和38）年に創設された軽費老人ホームの一種です。

ただし、創設当時の軽費老人ホームは、のちに軽費A型（軽費老人ホームA型）と呼ばれる１種類のみでした。８年後の１９７１（昭和46）年になると軽費B型（軽費老人ホームB型）ができ、１９８９（平成元）年になってやっと軽費C型（軽費老人ホームC型）

としてケアハウスが追加されたのです。現在では、ケアハウスに一元化されてＡ型とＢ型は設立されなくなっています。

軽費老人ホームとは、簡単にいうと家庭での自立生活に不安のある高齢者がさまざまな支援サービスを受けながら無料または低料金で居住できる施設のことです。

Ａ型は食事の提供や入浴準備など日常生活に必要な支援サービスや介護サービスを利用することができ、Ｂ型はそのうちの食事のみ自炊が必須という違いがありました。

ケアハウスはそれらに比べると料金はやや高めに設定されていますが、その分、住まいとしての質の良さを重視してつくられた居住施設です。ケアハウスの意義は「入所者が安心して生き生きと明るく生活できるようにすることを目指すものでなければならない」（軽費老人ホームの設備及び運営に関する基準第二条）と定められています。

Ａ型やＢ型は、世帯月収が一定額より少ないという条件を満たしていなければ入居できず、敷金・礼金や入居一時金などもいっさいかかりませんでした。言い換えれば、低所得の人でも無理なく利用できるよう、リーズナブルな料金体系にすることを第一に考えられた軽費老人ホームがＡ型とＢ型ということです。

一方、ケアハウスには世帯月収の額に制限がありません。敷金・礼金や入居一時金の金額はそのケアハウスの土地代や居室の間取りなどに応じて決められます。

また、軽費老人ホームは税金で運営される公的施設ですから、一般の賃貸住宅よりは格段に入居者の出費を抑えることができます。つまり、一般住宅より低い賃料を維持しながら、住まいとしての質を向上させた軽費老人ホームがケアハウスであるといえます。

長い間私は、高齢者福祉にはもっと多様性が必要だと考えていました。お年寄りには仕事を引退し、収入は年金のみという人がたくさんいます。では、限られた財源をどのように使うか？　それは人それぞれの自由に任されています。おしゃれや身だしなみにお金がかかるとか、せっかくならおいしいものが食べたいとか、きれいで気持ちのいい場所に住みたいとか、普段の生活は倹約して年に一度は夫婦で旅行したいなど……それぞれ多種多様な価値観があっていいのです。ならば、お年寄り向けの居住施設もバリエーションを増やし、賃料と住み心地のバランスなども個人で自由に選択できるようにするべきではないでしょうか。

そのように考えてきた私にとって、ケアハウスの制度化は朗報でした。ケアハウスという新しいタイプの老人ホームが設けられたことで、私が長らく思い描いていた、低額ながらも住み心地が良くかつ機能的、毎日が楽しくなるような居住施設を実現できるようになったのです。

ケアハウスには介護サービスを付帯する介護型（特定型）と、付帯しない一般型（自立型）の2種類があります。私は後者の一般型に属するケアハウスをつくろうと思いました。

一般型には、介護が必要な人もそうでない人も入居できます。ケアハウス自体が提供する介護サービスはありませんが、必要な人は外部の訪問介護（ホームヘルパー）や通所介護（デイサービス）などの介護サービスを利用することができます。つまり一般型であれば、こうした点においても、入居者の選択の自由度がより高くなるわけです。

介護サービスを付帯していないということは、それだけ利用料が低いことを意味します。経営面で考えれば介護型のほうが事業収入は増えますが、私が迷わず一般型ケアハウスを選んだのは、これらのことが理由にあるのです。

高齢者福祉事業の原点

私たちのグループは現在18カ所の施設を運営しています。そのうち2カ所がケアハウスです。1カ所は1995(平成7)年9月、2カ所目は1998(平成10)年9月に開設しました。

最初のケアハウスを創設しようとしていた頃の私は、地域の人たちの生活に役立つ仕事がしたいという思いがさらに強まっていました。そのための構想はどんどんふくらんでいく一方で、現実化するための資金の調達に頭を悩ませている状態でした。

例えば、AよりBのほうが儲かると言われたら、賢い経営者はきっとBを選んで事業化します。しかし私の場合は、AとBのどちらがより多くの人々に必要とされるかとか、どちらが私の理念の実現につながるのかと考え、もしもそれがAなら迷わずAを選ぶタイプの人間です。

長い目で見ればまずBを選び、経営がうまくいってから、Aに着手するという方法も至って健全で有効と考えられます。それが分かっていても、今、世の中に必要なのはAだ、少しぐらい苦労をしてもAの実現にまっすぐ突き進もう、と夢中で動いてしまうのが私の性なのです。

実際に、私が最初に設立した高齢者福祉施設がケアハウスだと知った同じような立場にある人たちからは、なぜよりによってケアハウスから始めたのかと尋ねられたり、ケアハウスは経費と手間ばかりかかって割に合わない、儲けには結びつかないのにと不思議がられたりもしました。

その人たちの言うことはもちろん間違っていません。実は事業として考えると、ケアハウスの運営は決して効率よく収入を増やせるものではないからです。

それでも、今となっても高齢者福祉の最初の一歩としてケアハウスを始めて良かったと心から思っています。このように猪突猛進な私ですから、自分だけでなく多くのスタッフや家族にも苦労をかけてしまいました。しかし、その苦労を乗り越えたことで、真に高齢者のことを考えた施設やサービスのあり方を、身をもって学ぶことができたと思っています。さまざまな紆余曲折を経たからこそ、幅広い高齢者福祉事業を展開するようになった今でも、揺るがない信念に基づいた仕事を続けることができていると思うのです。

私は現在でも、ケアハウスの施設長を務めています。3組織をまとめるグループの代表との兼任です。あなたは忙し過ぎですよ、そろそろケアハウスの現場を離れてもいいのではないですかと、80歳を越えた私の身体を慮って助言してくれる人もいます。

しかし、ケアハウス運営はお年寄りのために働きたいという私の熱望の原点ですから、できる限り長く現場の仕事に携わっていきたいのです。

最初のハードルは社会福祉法人の設立

私はさっそくケアハウスを開設するために動き出そうとしました。ところが、恥ずかしいことに、そのときの私には高齢者福祉施設を開業するための知識がほとんどありませんでした。

介護保険制度が導入される以前の話ですから、今のように高齢者福祉を体系化して分かりやすくまとめたガイドブックも、起業の経営ノウハウを教えてくれる資料もありません。当時の私は、分厚い専門書を読み解きながら、手探りのような状態で一から独学で猛勉強しました。

疑問や不明点は厚生労働省（当時は厚生省）の知人や役所の福祉窓口に尋ね、納得するまで詳しい内容を説明してもらいました。やっとの思いで開業の入口にたどり着いたとき、最初に突き当たった難関は、社会福祉法人の認可という壁でした。

高齢者向けの住宅施設は大きく分けると公的施設と民間施設の2種類があります。公的施設は行政機関が管轄するものであり、運営費などには国民の税金が使われます。運営の主体となるのは、社会福祉法人や医療法人、地方自治体などに限られています。

ケアハウスもまた公的施設に含まれます。つまり、ケアハウスをつくるのであれば、社会福祉法人または医療法人を設立して国の認可を受けなければならないのです。このうちの医療法人とは平たくいえば病院・医院のことですから、専門分野がさらに絞られてしまいます。現実的に、私に残された選択は社会福祉法人の設立の一択しかなかったわけです。もっとも２００１（平成13）年度からは、株式会社などの民間企業も条件付きでケアハウスの設立・運営に参入できるようになりました。最近は世の中にもっとケアハウスを増やす必要が出てきたためハードルを下げたようですが、社会福祉法に基づいて都道府県知事の認可を受けなければ参入できない点は今も厳しく決められています。

社会福祉法人は、社会福祉法に則って社会福祉事業を行うことを目的に設立される公益法人です。所轄庁（都道府県知事または市長）の認可を受け、公益性の高い事業を国からの支援を受けながら行います。支援とは具体的に、補助金の交付、税制面での優遇措置などです。

設立するにはいくつもの厳格な要件をクリアしていかなければなりません。行政によるコントロールが強く働く法人形態ですから、行政機関と協議しながら細かいルールを満たしていく必要があるのです。

参考までに、現在の社会福祉法人設立への手順をごく簡単に紹介します。

1. 設立準備を始める

まず社会福祉法人の設立準備に必要な代表者、監査機関、総会などを決めて設立準備委員会を発足します。

設立準備委員会は、社会福祉法人の業務を行う理事（6人以上、うち1人が理事長）、業務が適正に行われていることを監査する監事（2人以上）、理事会から独立した立場で意見を述べる評議員（7人以上）、そのほか評議員選任・解任委員会（外部委員を含む3人以上）、会計監査人などを選任します。

2. 定款を作成する

次に、設立準備委員会は、法人の基本規定である定款を作成します。

定款の内容は絶対的記載事項14項目、相対的記載事項6項目、任意的記載事項5項目にのぼり、この時点で設立の目的や名称、提供する社会福祉事業の種類などを明確にする必要があります。

3．資産を明確にする

資産は、基本財産とその他の財産、公益事業用財産、収益事業用財産などの種類に分けて明示します。なかでも基本財産は事業に使用する土地や建物などを指し、原則として1億円以上を法人が所有しなければなりません。

ただし、いくつかの特例が設けられています。①国や地方自治体から土地や建物の貸与を受ける場合や、②都市部など極めて土地の所有が困難な地域で土地の貸与を受ける場合は、法人の所有する資産でなくても認められます。

4．許可申請の手続きをする

設立代表者が定款、設立当初の事業計画書と収支予算書、設立当初の資産目録、資産が法人に帰属することを証明する書類、設立者や役員就任予定者の履歴書、そのほか各種の書類を整えて所轄庁に提出します。

運営に税金が使われるのですから、これだけの手順も決して厳し過ぎるとは考えられません。ただし、これらが必要であることと、実際にこの条件を達成することは別です。当時も、社会のためにはどうしても必要だという気持ちが先行していた私は、どんな困難も覚悟で準備に邁進しました。

資金繰りや同志集めに東奔西走

これらの手続きのうち一つでも不備があったら、社会福祉法人として認可を受けることはできません。私は文字どおり東奔西走しながら、必要な事項を一つひとつクリアしていきました。そうしなければ思い描いてきた理想のケアハウスを設立できないからです。どんなに困難でも絶対に実現するぞ、と私は必死でした。

理事長は設立代表者である私が務めることにしました。そのうえで20人以上の志を同じくする人々をあちこちに声を掛けながら探し出して選び、理事会、監事会、評議員会などの組織を成立させるだけでもひと苦労でした。

ケアハウスを設立する場所は、茨城県石岡市の根当と決めていました。今もケアハウスがあるところと同じ場所です。私の実家はこの近くの農家で、旧石岡市内の団地に住む人があの土地にケアハウスをつくったらどうですかと提案してくれました。

しかし開設にあたって最大の問題が、資金繰りでした。保育園の経営で、私は以前にも借金まみれになったことがあります。銀行など借りられるところからすべて借金をして、家族や親戚にも肩身の狭い思いを経験させてしまいました。

ようやく完済のめどが立った矢先、今度はケアハウスをつくると言って、社会福祉医療機構や銀行などを回って設立資金の工面を続けたわけです。面と向かって家族に反対されたことは一度もありませんが、きっと内心では、また危ない橋を渡るのかと思ってハラハラする日々を過ごしていたのだと思います。

そうして周囲に心配をかけながらも、多くの皆さんの理解と協力のもと、1994（平成6）年に社会福祉法人　愛《めぐみ》の会を設立することができました。社会福祉法人は国からの支援という形で大切な税金を使わせていただきます。その代わりに、社会福祉事業を通して地域に貢献することが最大の責務だと私は考えています。社会福祉法人の名前を授けるから、あなたは地域の人々のため一生懸命に働きなさいと国から言われている気がするのです。

そして実際この20年間、常に責任の重さと矜持を忘れることなく、公益性の高い社会福祉の仕事を続けてきました。

ケアハウスの立地条件と設備基準

社会福祉法人を設立したあとはいよいよケアハウスの建設準備です。しかしここにも、越えなければならないハードルがいくつかありました。

一つは建設予定地と建造物に関する地域の認可です。

ケアハウスは福祉施設ですから、宅地造成などが制限される市街化調整区域にも建設することができます。ただし都市計画法や建築基準法に適合しているかどうか、事前に行政機関に相談して確認しておく必要があります。

この点は市に確認して何も問題ないことがはっきりしました。

そしてもう一つが、施設としての設備基準を満たすことでした。まずは客観的な条件です。それらは、

・定員30人以上
・居室は1人部屋21・6㎡以上、2人部屋（夫婦用）31・9㎡以上
・居室にトイレ、洗面所、ミニキッチン、収納スペースを完備
・共同設備は食堂、談話・娯楽・集会室、浴室、洗濯室、相談室など
・職員利用の設備は事務室、調理室、宿直室、会議室など

といった内容です。これらの基準をすべて備えた施設である一般型ケアハウスは、施設内で入居者に次のようなサービスを提供することになっています。

・食事サービス（１日３食、流動食や嚥下食も可能）
・入浴サポート
・保健・衛生の管理
・夜間を含む24時間体制の緊急時対応
・娯楽活動やイベントの支援（体操、レクリエーション、季節の行事など）
・個別の生活相談対応

また、サービスを提供する人員の数や配置も決められています。

・施設長（施設の管理責任者）　１人
・生活相談員　入居者１２０人につき１人
・介護職員　入居者30人につき１人

実のところ、この人員数の制約には非常に苦しめられました。入居者にきめ細かく行き届いたサービスを提供しようとすると、基準となる既定数のスタッフだけではどうしても手が足りないのです。

ケアハウスの施設長でもある私は、最初のケアハウスのときから人員の問題には頭を悩ませてきました。しかし今日に至るまで良い解決策にたどり着けていません。問題の大きさが現在の施設運営にまで大きな影響を及ぼしていることを身をもって感じているというのが現実です。

第3章

年齢、経歴、介護レベル……
さまざまな立場の人が
集団生活を送るために

ケアハウスはすべての入居者に対して常に公平でなければならない

陶芸工房も備えた「ふるさと石岡」のケアハウス

茨城県のほぼ中央に位置する石岡市は、かつて常陸《ひたち》国の国府がおかれ、政治・経済・文化・商工業の中心として栄えた１３００年の歴史がある街です。西方に筑波山を望み、東方には市内の恋瀬川がそそぐ霞ケ浦があります。筑波山系がおいしい水をもたらし、造り酒屋の多いところから、別名関東灘ともいわれ、里山では有機野菜や苺、ブルーベリー、ぶどう、梨など季節のフルーツが元気に育ちます。１９６５（昭和40）年に結婚して２人の息子を得た私たち家族は、約60年の月日をこうした恵まれた自然環境のなかでのびのびと過ごしてきました。

１９９５（平成７）年、私自身にとって第一号となる高齢者施設、ケアハウス「ハートピア石岡」を市内を望む高台に建てることには、一片の迷いもありませんでした。

母から贈与された約５６００㎡の敷地に、延床面積約２４００㎡、鉄筋コンクリート造、

３階建ての建物がハートピア石岡です。梨や栗などの果樹林に囲まれ、朝起きて窓を開けると、緑溢れる自然の空気が、清々しい風となって心地よさを運んでくれます。居室は１人部屋52室、夫婦部屋４室の計56室があり、60名がここで暮らしています。

各居室にはミニキッチン、トイレ、洗面台を完備し、エアコン、テレビ、電話端子、ナースコールなども用意しています。なかでもこだわったのは全室南向き、バリアフリーのバルコニー付きの居室です。自分だったらどんな部屋に住みたいかを考え、洋室と和室の２種類で部屋の広さ自体はほかのケアハウスと大差はないものの、これなら入居者それぞれのライフスタイルに合わせることができると思ったのです。

そのほか屋内の共用スペースには、食堂、浴室、洗濯室、ロビーなどがあります。屋外にはゲートボール場や園芸を楽しめる菜園、ビニールハウスのほか、「ハートピア工房」と名づけた陶芸工房を用意しました。

実は石岡は、陶芸とも関わりの深い土地柄です。特に、市北部の旧八郷地区には、何人もの陶芸家が窯を開いて、美術陶芸から生活陶器までのさまざまな作品において、個性的で創造性豊かな作品を生み出しています。バラまつりが行われる市内の茨城県フラワーパークでは、年に一度陶器まつりも開催され、多くの陶器ファンで賑わうほどです。

　陶器づくりは趣味として愛好する人も多く、手仕事が健康に役立つだけでなく脳の活性化にも効果があるとされます。私にとって初めての高齢者福祉施設に、利用者に楽しんでもらえる設備を加えたいと考えて思いついたのがそれでした。陶芸教室などの活動は入居者にも好評で、高齢者の笑顔が私の心を癒やしてくれます。


　ケアハウスを設立するうえで私がただ一心に抱いていたのは、お年寄りにいつまでも元気で長生きしてほしいという思いでした。一般型ケアハウスに入居されている方々は年齢や健康状態もさまざまです。なかには、掃除や洗濯は自分でできる、お風呂くらいは気兼ねなくゆっくり浸かりたい、というように日常生活における職員のサポートを部分的に辞退する利用者もいます。そういう場合は、安全面を配慮して問題がない限り、できるだけ本人の意思や要望を尊重するようにしています。

　ここにも私のこだわりがありました。もし、ケアハウスで暮らし始めたことで体力が衰えてしまうようなことがあれば、私が求める介護施設のあり方に反することになるからです。いつまでも元気で長生きしてもらうためには、本人の想いを尊重しつつ、適切な力添えを見極めることも重要になってきます。

というのも、元気な身体はリハビリテーションや運動ばかりでなく、日常の動作や行動を続けることでも維持することができます。日常生活のほとんどの家事を自分でできる人に対して、何から何まで一律に手出し口出しをするのは決して本人のためになることとはいえません。それどころか、自分で動こうとする機会や意欲を奪う、大きなお世話になってしまう可能性もあるのです。

もちろん身体機能が徐々に衰え、入居中に介護が必要になる人もいます。当施設は一般型ケアハウスであるため、施設自体に介護サービスの用意はありません。しかし必要に応じて、それぞれの入居者の要支援・要介護の認定に合わせた、外部の訪問介護（ホームヘルパー）や通所介護（デイサービス）などを利用できるシステムを構築しているため、心配はありません。また、隣接する保育園の園児やグループホームの人たちとの交流の時間も、日常に喜びと元気を与えてくれる楽しいひとときです。

第2号施設に温泉風呂を設営

ハートピア石岡は、オープン当初から入居者に好評を得たことで、空き室のない状態が続いていました。そこで私は１９９８（平成10）年、高齢者福祉施設の第２号として、ケアハウス「ハートピア水戸」を開設しました。

このケアハウスは、茨城県の県庁所在地である水戸市にあり、茨城百選の一つに数えられている市立大塚池公園の湖畔に位置します。深い緑と白鳥が舞い降りる湖を背景に、朝は小鳥たちのさえずりで目を覚ますことができる心安らぐ環境です。さらに、双葉台団地に隣接しており、生活の利便性にも恵まれた近代的かつ機能的な都市型ケアハウスです。鉄筋コンクリート造の５階建てで敷地面積約６３００㎡、延床面積約２９００㎡。ハートピア石岡よりは広いですが、入居者定員数は同じく60人としています（１人部屋53室、夫婦部屋４室）。

屋外には「ふれあいの庭」と名付けた庭園や東屋、菜園などの設備を充実させたほか、地球環境を考慮して最初から屋上に太陽光発電システムを導入しました。そして何より、このハートピア水戸の開設にあたり、私にはどうしても実現したい新しい試みがありました。それは、浴室の湯を循環ろ過させず、高所から湯を落とし湯こぼれさせるオーバーフロー式の本格的な温泉風呂の設置です。

ケアハウスの入浴設備といえば、ほとんどの施設が浴槽の湯をろ過装置に通して再利用する循環ろ過式になっています。ろ過する際には、塩素で殺菌しているため、衛生的にはなんの問題もありませんが、1日に何十人もお年寄りが浸かると湯に匂いが移ります。加齢臭と呼ばれる特有の匂いです。

世界一お風呂好きだといわれる日本人にとって、湯から匂いが漂うようでは、心休まる入浴の時間が台無しです。特にお年寄りのなかには、若い頃のように温泉旅行へ行けなくなってしまった方、無類の銭湯好きで毎日のように銭湯に行っていたけれど思うように身体が動かなくなり、寂しい思いをしている方は少なくないはずです。

そんな人々のために、オーバーフロー式の温泉風呂を実現することが自分の使命のように感じられたのです。まるで天然温泉かのような安らいだ香りに包まれた、一段と快適な入浴設備にしたいと考え始めると、居ても立ってもいられなくなり、すぐさま行動に移しました。採算や予算といったふところ勘定は気にも留めず、ただ使命感や正義感で突っ走ってしまうのはいつものことです。

周囲からの、また理想ばかり追って……という心配の声もよそに、私は新設予定だったハートピア水戸に、厚生労働省認可の活性石温泉を使用した正真正銘の温泉風呂を提供するに至ったわけです。

浴槽を絶えず湯こぼれさせて清潔に保っていますから、最後に入浴する人も気持ちよく温泉にゆっくり浸かってもらうことができます。なかには入浴の時間を1日のうちで最も楽しみにしているという入居者も多く、またその評判を聞きつけた入居検討者からの問い合わせも増加しました。

お金儲けのことだけを考えていては、入居者が心から満足できる施設をつくることはできません。「自分だったらどうなればうれしいだろう」と、いつでも自分ごととして考えることで、本当に必要なものが見えてくるのです。

平等に、朗らかに、誰もが喜べるように

2カ所のケアハウスを開設し、高齢者福祉の現場の一員になったからこそ見えてきたこともたくさんありました。実際にやってみなければ見えてこなかった問題点や大失敗、その経験のすべてが今の私の礎になっていることは間違いありません。

そして、これまでに築いたものが形となり事業規模が拡大した現在でも、手探りで右往左往していたあの頃に抱いていた、「目の前にいる人が満足そうな笑顔を見せてくれますように」という祈りにも似た信念は消えることがないのです。私にとって社会福祉とは、常に利用者一人ひとりが満足しているかどうかが成否の分かれ目であり、少々の失敗や赤字などは重要ではありません。

例えば、ケアハウスを運営するうえで非常に大事なことの一つに、入居者全員がここは平等だと感じられるような基本姿勢を貫くことがあります。ケアハウスにはいろいろな人

が入居しています。年齢や要支援・要介護の度合いがまちまちなだけでなく、これまでどのような生活をしてきたか、社会や仕事でどのような立場にあったかという点もまったく異なります。

無口な叩き上げの職人に、企業を率いてきた元社長、元教師の女性、明るくて世話好きな青果店の女性店主、深窓の令嬢が歳を重ねたような夫人――いろいろな経歴・性格の人がいて、そのほとんどが大勢での団体生活は初めてなのです。

個室での生活とはいえ、食事のときや一人で暇な時間など、食堂やロビー、庭を自由に使いながら、ほかの人と一緒に過ごすシーンもたくさんあります。

最初から新しい出会いを楽しめる人ならいいのですが、すべての人がすぐになじめるわけではありません。引っ込み思案だったり人見知りだったり、遠慮が先に立ってなかなか輪のなかに入れない人もいます。

そういうときは私たち職員がさりげなくリードして、話が合いそうな人に紹介することもしばしばです。私たちもそんなシーンには慣れていますから、ほとんどの場合はそれほど苦労なくケアハウスでの入居者同士の付き合いになじんでもらえます。

意外と気を使うのがグループ同士の関係です。入居者が60人もいれば、気が合うとか年齢が一緒とか、出身地が近いといった理由で仲良しグループやいつものメンバーが発生します。それは自然なことで、友達をつくってずっと一緒にいられるのもケアハウスに住む魅力の一つといえるでしょう。

しかし、グループ間に何か問題が生じた場合、事態は一気に難しくなってしまいます。一対一の個人的関係はうまくいっているのに、互いの友達を含んだグループ同士の付き合いとなるといろいろな感情が交錯し、話がこじれ複雑化することがあるのです。

例えばAさんの仲良しグループにBさんがいて、CさんのグループにDさんがいたとして、AさんとCさんの関係は良好でも、BさんがAさんに、Dさんたちに近づきたくないと言ったり、DさんがCさんに、Bさんはおかしいと思わないかと愚痴を言ったりすることもあります。ただ、そういうときでもよほどの必要性がない限り、私たち職員は直接的な介入を控えます。もちろん誰かを優遇したり、感情的にどちらかの味方をしたりすることもありません。

どう思いますかと入居者に意見を聞かれて初めて職員が間に入るケースはありますが、私たちは裁判官でも警察官でもありませんから、余計な口出しをしてしまうとかえってトラブルを引き起こすこともあるのです。

それよりも、私たち職員にできることは何だろうかと考え、解決の糸口を見つけることが先決です。Bさんばかり目立って偉そうにしていると言われたら、ほかの人の意見を積極的に聞き入れて不公平感がないように改善するのです。

またDさんグループが大声で騒いでいてうるさいと苦情を言われたら、それは声が聞こえづらいからかもしれませんね、とやんわり話し、二つのグループが近い席に着かないようさりげなく配慮します。


個々の悩みや心配ごとを聞いて、解決に導くことも職員の大事な仕事です。そして、私たち職員の役目は、あくまで入居している人が気持ちよく毎日ニコニコと安心して暮らせるように施設を運営することです。全職員が、入居者の誰もがここにいられて幸せと喜びを感じられるような状態を維持することを柱としています。そのためにも争いごとは丸く収めることが必要不可欠なのです。

万が一トラブルが起きたときの対処法

時にはもっと深刻な事態に陥る場合もあります。例えば入居者にいじめ問題が生じるような事例です。

あるとき、Ｅさんがいじめを受けていました。Ｅさんの表情がなんとなく暗いことに気づいた職員が、何かありましたかと聞くと、Ｅさんは、Ｆさんからいろいろなことを注意されると明かし、気の利かない私が悪い、と答えたといいます。Ｅさんの話を聞いてＦさんの行為は嫌がらせに近いのではと感じた職員は、すぐにミーティングで私たち上長に報告しました。しばらくＥさんとＦさんが接触する様子を見守ると、確かにＦさんの行為はいじめと言わざるを得ないものでした。

そのとき職員は、EさんとFさん双方から話をよく聞き、事態の改善に努めました。しかし、Fさんは頑なにEさんが悪いと主張するばかりです。頭を抱えた私たちは、最終的に責任者である私がFさんと話し合いをするという打開策を考えました。

「私たちの目にはEさんがFさんから不当ないじめを受けているように映りますから、もしも認識が間違っていたら、なんでもうかがいますので教えてください」と私はFさんに話しかけました。

その問いに対し、Fさんは、そんなつもりはないと答えました。しかし私が「もしあなたがほかの人から同じ行為をされたら、ご自分はどう受けとめると思いますか」と聞いてみると、しばらく黙考したあと、自分はなんとも思わないが人によっては攻撃されていると感じるかもしれないとは思う、と言ってくれました。嫌がらせの事実を認めたのです。

自分が平気なことでも、嫌だとか、つらいとか、不快だとか、否定的な感情を引き起こしてしまう人は世の中にいくらでもいます。多くの人たちと一緒に生活するときは、自分の尺度が正しいと思い込むのではなく、人それぞれ、自分の感じ方や考え方がある、と受けとめられるような許容する気持ちと想像力が必要です。

そうしたことを話したうえで、今後もトラブルを起こすようなことがあれば、私はその人に二度とほかの入居者をいじめたりしない、といった内容の誓約書を書いてもらわなければなりません。そして、万一その約束も破られてしまった場合は丁重にお願いしてケアハウスから退所してもらいます。

ルールを守らない人には改めてもらうか、改めることができないなら施設を出てもらうか。厳しいようですが、ほかのお年寄りたちの快適な日常を守るためには、方法はそれしかないのです。

ケアハウスに限らず、自分の関わる福祉施設すべてにこの方針を徹底させています。よその施設に比べると、少し対応が厳し過ぎるかもしれません。しかし、結果的に今まで１００％トラブルのない施設運営を維持し、さらに入居者にはどこの有料老人ホームよりも居心地がいいとか、ここは最高の施設だと評価してもらえているのですから、このやり方は間違っていないのでしょう。

快適な共同生活で長年の性格が変わることも

利用者の面会に来た家族から、この施設に来てから人が変わったと驚かれることがしばしばあります。

「母の性格が丸く穏やかになり、周りの人にも私にもすごく優しくなった」とか、「家では気難しかった父が皆さんに親しまれて楽しそうな顔をするなんて」といった声は後を絶ちません。また、家族が入居するお年寄りに住み心地を聞いたところ、解放的な気分で心配ごとがなくなって、女学校時代に戻ったみたいだと言っていました、という感謝の言葉もたくさんもらいます。

私たちは特別なことは何もしていません。ただ入居者を見守り、話をよく聞き、一人ひとりが誇りと笑顔をもって今日も元気で幸せに過ごせますようにと日々祈りながら世話をしているだけです。

私は施設を運営するうえで、『北風と太陽』というイソップ童話から学んだことを大切にしています。これは、旅人の上着を脱がせようと、北風と太陽が力比べをする話です。北風は強い風で服を吹き飛ばそうとしますが、旅人は寒さに凍える身体を守るため、かえって上着をしっかり押さえます。そこで太陽が日射しを強めると、旅人は自ら服を脱ぎます。身体が温かくなって、上着を着ている必要がなくなるからです。

この童話には、何ごとも強制するより自発的な行動を促すほうがうまくいくという寓意があるのだと思います。私はそういう考え方がとても好きです。強制で人を動かすやり方は性に合いません。

もしも入居者の人柄が丸く穏やかになったとしたら、入居者が自然に、自発的に変わっていったということです。誰かに強制されたり何かを我慢したりすることで習慣や生活態度を変えても、それは表面上の見せかけに過ぎず、長く続けていたらかえって大きなストレスを抱え込むことになるのです。

入居者には、常に自然体で幸せだなとか、楽しいなと感じてもらいたい。その結果として丸く穏やかな人柄になったのなら、施設を運営する私たちにとってもこんなに幸せでうれしいことはないのです。

施設内の人は「ひとつの家族」の一員

同じケアハウスで生活する人はひとつの家族のようなものだと私たちスタッフは思っています。すべての入居者、そしてすべての職員に対し、本当の家族のような大きな愛情をもって接しています。

その基本でありながら最も大事なことが、日頃のコミュニケーションです。同じ目線に立ち、目の前にいる相手の身になって考える。当たり前のことのように感じられますが、この姿勢を貫くことは簡単なことではありません。しかし、誰もが心地よく暮らせる環境をつくるうえで、最も大切なことであるのは確かです。

この環境づくりにはスタッフの〝意識〟がカギとなります。さまざまなストレスやトラブルを抱えた入居者のほんの小さな異変に気づいたり、入居者が気軽に相談できるような雰囲気をつくったりするには、職員一人ひとりが「意識づくり」にどう取り組むかが大切です。

例えば、私たちのグループホームでは、毎日の朝礼と定期的な運営会議といったスタッフ同士の情報共有の場を用意しています。ここでは、上下関係に委縮しないフラットな状態で、職員の悩みや相談を上司・上長に心を開いて気軽に話せるように徹底しています。

そして何より、グループの代表である私自身がニコニコとした笑顔を常に心掛け、みんなと同じ目線に立つこと。これこそが、「ひとつの家族」を支えるための大きな柱を成すと考えています。トップに立つ人間が高圧的で傲慢であれば、その人の下で働く人々は伸び伸びと主体的に働くことはできません。そしてその緊張感は入居者にも伝染し、私たちが目指す自然体で幸福を得る施設運営を実現することは不可能となるでしょう。

まずは自分自身が誰よりも謙虚な姿勢であること、公平・中立な立場を取ることに勤しむ――こうした誠実な態度が信頼を生み、その信頼がまた次の信頼につながり、大きな「輪」、つまりは「ひとつの家族」を形づくっていくと私は思うのです。

少数精鋭の職員4人で理想のケアハウスを切り盛りする

ケアハウスの職員は、施設長が1人、生活相談員は入居者120人につき1人、介護職員は入居者30人につき1人と国の基準で定められています。

ケアハウスのハートピア石岡とハートピア水戸に当てはめると、どちらも入居者数60人ですから施設長1人、生活相談員1人、介護職員2人の計4人の運営体制となっています。

食事に関しては管理栄養士1人と調理員4人が担当しています。彼らは、プロフェッショナルとして入居者一人ひとりの健康状態に合うメニューを考え、バランスの取れたおいしい食事を提供してくれます。

そのほか、清掃会社など専門業者に委託している仕事もありますが、それ以外はすべて職員4人で担っています。正直、少ない人数で入居者数60人のケアハウスを滞りなく運営していくのはかなり大変なことです。

ましてや現在では、高齢者福祉や介護関連の業種はどこも深刻な人材不足で、優秀な介護士の取り合いのような状況にあります。なかでも最もゆとりがないのがケアハウスです。入居者それぞれへの対応はもちろんのこと、書類作成などの事務仕事も4人で手分けします。そのうえ昼夜問わず24時間の対応ですから、夜間のナースコールに備えた宿直勤務もしばしばあります。

このナースコールは体調に関するものだけでなく、電球が切れたとか、重い荷物を動かせないといった生活全般にわたるヘルプ要請にも応えるので、気が抜けない状態が続きます。

お年寄りに無理を強いるのは禁物ですから、施設長だから夜勤はなしとか、介護の仕事は介護職員に任せっきりなどとは言っていられません。今でこそ夜勤から外れている私ですが、以前はほかの職員と同じように週に何日か施設に泊まり込んで勤務していました。

それほど忙しいのなら人をもっと採用して職員の数を増やせばいいのではと思う人も多いでしょうが、そう理屈通りにはいきません。なぜなら、ケアハウスに入居される方が支払う料金は国によって決められているからです。一般型のケアハウスは介護保険制度の介護サービスを含みませんから簡単にいえば家賃と食費が使用料金であり、具体的には１カ月６万円前後の料金となっています。

つまり、施設側にとっては入居者からの使用料が収入源となるため、その範囲内で人件費や設備の維持費など全費用を賄おうとすると、簡単には職員数を増やせないというのがケアハウス運営の実情なのです。

ただし、私も設立当初は４人で切り盛りするのは不可能だと思っていました。現場担当者の一員としてそう実感していたのです。しかし、少しずつ仕事に慣れ、勝手が分かってくると、優先順位を考慮した合理的なチームプレーに徹するようになり、次第に道は拓かれていきました。

恵まれたことに、私が経営するハートピアグループの施設には、優秀で仕事がよくでき、なおかつ福祉の精神をもった心優しいスタッフが集まっています。危機管理マニュアルや感染症対策マニュアルなどで基礎知識を習得し、施設運営に必須の規則や制度等を熟知していることは大前提です。そのうえで、どうすれば入居者が平和ですばらしい生活を送れるのか、どんな気配りをすれば60人すべてに、ここへ来てよかったと喜んでもらえるか、ということを常に考えながら職務に励む彼らは、理想の施設運営をともに実現してくれる心強いパートナーです。

２０２３年で、ハートピア石岡の開設から28年、ハートピア水戸では25年の歳月が経過しました。職員はまさにチーム一丸となり、今日まで健全なケアハウス運営を続けてきました。彼らのような仲間がいなければ、入居者全員が笑顔で満足するケアハウスの運営を続けることはできなかったでしょう。心から感謝しています。

入居者にも地域社会にも喜ばれる施設運営とは

私のケアハウスでは毎月のお誕生会のほか、季節の行事や催し物、お楽しみ会などのイベントを積極的に開催しています。

正月には、施設内に仮設の神社を設けた初詣や、誰でも参加して特技や芸を披露できる新春かくし芸大会が盛り上がりを見せます。２月は、恵方巻きづくりに節分、バレンタインデーのお菓子づくりなど、毎月、職員がアイデアを出し合って用意したイベントが目白押しです。

また、近くの桜の名所へ花見に行ったり、久慈川や那珂川でアユが解禁となる6月1日に合わせてアユの炭火焼きパーティーを開いたり、地元名産のブルーベリー、ビワ、ミカンなどの苗を敷地内の畑に植える「植樹会」を開いたりすることもあります。

施設で暮らしているとお年寄りはどうしても同じような毎日を過ごしてしまいがちになります。自由に外出して散歩やショッピング、家族旅行などを楽しむこともできますが、高齢になって身体機能が弱まるにつれて、自分から外に出て何かをすることが億劫になってしまいます。

ケアハウスでのイベントは、そうした人にも施設にいながら楽しみをもってもらいたいという想いから始めたものです。季節感を味わい、入居者同士の交流を深めることで、去年はこうだったとか、今年はこの点が面白いね、などと思い出話に花を咲かせる機会にもなります。

また、普段は控えめでおとなしい人が書き初めで見事な達筆を披露したり、手芸やお菓子づくりの手さばきで尊敬を集めたりして、私たち職員にとっても日常では気づかなかった新たな一面が垣間見えるのも一つの楽しみになっています。

ケアハウスの入居者だけでなく、地域の皆さんに参加してもらえるイベントも催しています。例えば、ハートピア石岡とハートピア水戸でそれぞれ年に2回ずつ開催している「ハートピアの集い」です。

この日は入居者の家族や近隣地域の人たちを招き、職員が施設内を案内します。入居者がいつもどおりの生活をしている様子に触れ、ケアハウスがどのような形で運営されているか見てもらうのです。

その後、参加者と私たちスタッフとのミーティングが開かれます。最初に各施設長が施設について説明し、続いて参加者からの質問タイムという構成で進行しており、この日は管理栄養士や厨房担当を含めスタッフ全員が出席します。

経営に関する支出や収入のこと、直近の介護保険法の改正によって変更された点についての説明、新型コロナウイルスの感染対策、食事や廃棄物に対する衛生管理、ケアハウス運営の今後のビジョン、ハートピアグループが法人としてどのような目標を掲げているか、開設することが決まっている施設があればその進捗状況――皆さんからの質問内容は毎回、多岐にわたります。

私たちはその一つひとつに、できるだけ具体的に誠意をもって答えます。それに対し新たな視点の提案やシビアな意見をもらうこともありますが、こうしたやりとりが生み出すのは、地域での高齢者福祉施設の透明性です。私はケアハウスを、地域の人が外から見てどんな運営をしているのか分からないとか、自分たちの生活とは関係がないと思われるような、地域から孤立した施設にはしたくありません。ですから、ケアハウスに入居するお年寄りが、地域の人々からご近所さんの一人だと認識されているのを見ると、とてもうれしくなってしまいます。

同時に、地域の皆さんが、私も一人暮らしが難しくなったら、ここでお世話になりたいとか、老後もここがあるから安心ですと言ってくれるのを聞くと、得も言われぬ達成感に包まれて、私はこの仕事を選んで本当に良かったと思うのです。

お年寄りに元気で長生きしていただくことと、地域社会に貢献することの二つは今も私が仕事をするうえでの原動力であり、生きがいであり続けています。

「茨城いのちの電話」で1日24時間の困りごと相談に対応

地域社会に貢献する意味でもう一つ、私たちの仕事があります。それがケアハウスハートピア水戸で長年お手伝いしている茨城いのちの電話の仕事です。このいのちの電話（Ｌｉｆｅ Ｌｉｎｅ）とは、誰にも相談できずに一人で悩んでいるときに、24時間いつでも無料で話を聞いてもらえる電話カウンセリング事業です。１９５３（昭和28）年にイギリスのロンドンで始まった自殺予防の電話相談をきっかけに、日本でも１９７０年代に日本いのちの電話連盟が結成されました。今は全国50カ所にセンターがあり、相談員約６０００人が無償ボランティアとして電話を受けています。

さまざまな悩みを抱える人たちのために、その一員としてハートピア水戸の職員は、茨城県全域からかかってくる相談の電話に対応しています。

夜間に電話が来ることが多く、この場合は宿直の職員が担当します。例えば、お年寄りからもう死んでしまいたいという相談の電話がかかってくると、親身になって事情を聞いたり、説得したりしているうちに、明け方になっていることも少なくありません。

ケアハウスの仕事が忙しいときにかかってきた電話が長時間になり、てんてこ舞いするときもありますが、ありがたいことに職員は福祉経験豊富なベテランぞろいです。彼らのスキルが受話器の向こうで悩んでいる人や、孤独や孤立に苦しんでいる人たちへの温かい支援を実現しているのです。

高齢者福祉だけが福祉ではありませんし、悩んだり困ったり苦しんだりしている人たちに寄り添うことで、社会全体を少しでも良い方向へつないでいくというのも大切な福祉の一端だと思います。私たちはこのような形で地域社会に貢献することで、地元の皆さんに対する恩返しになればと考え、日々活動を続けています。

地域社会との関わりでいえば、石岡市根当の公民館を建設するときにちょっとしたお手伝いをして役に立った経験もあります。今では90世帯の住民が暮らしていますが、かつて根当区には住民が気軽に集える公民館がなく、不便で困っているという話を父が根当区の区長をしていた頃から長い間、何代もの区長から聞いていました。市に要望しても受けてくれない、なんとかしたいから協力してくれないかと頼まれ、私なりに知恵を絞ってみたのです。

根当といえば、笠間市にある茨城県でも有数の笠間稲荷神社の系譜に属する稲荷神社があり、境内には樹齢数百年という杉の大木がずらりと並んでいます。

以前はそこに公民館が建っていたのですが、老朽化が激しく使用することができなくなっていました。ましてや神社の敷地内ですから、勝手な建て替えもできず、放置を余儀なくされたのです。

そんなとき、国道３５５号の道路沿いに住んでいる長年の知人から、埼玉県へ引っ越すことにした、という連絡がありました。今ある家はどうするのかと尋ねると、彼は売らずにそのままもっているつもりだったけれど、木村さんにだけなら譲るよ、と言ってくれたのです。

その家は根当の国道沿いに建ち、さらに車が数十台停められる駐車スペースがあり、土地・建物もそのまま使用でき、広さも十分あります。この土地と建物なら根当の人たちのために、立派な公民館として利用できる！　そう思った私はすぐさま区長に相談し、その土地と建物を新しい公民館として利用する構想を練り始めました。

費用については、住民の方が1世帯月３００円ずつ積立貯金をしてそれを購入代金に充ててはどうだろうと提案してみると、後日、全員からの同意が得られました。私の公民館建設プランを聞いてすぐ、皆さんが二つ返事で賛成してくれたのです。こうして現在の「根当区公民館」ができました。市内の公民館はどこも市が所有する建物を区が借りていますが、ここは全国でも珍しい全住民共有名義の公民館です。住民全員の名前を明記した共有土地建物として登記したので、全員に所有の権利があります。

皆が集える公民館を望んでいた住民の方々は、私の手伝いをとても喜んでくれました。このときの皆さんのうれしそうな笑顔は、今でも忘れることができません。

この公民館建設に協力した経緯を、私は後日、当時の石岡市長に報告し、今、市が別の地区に公民館を建設していることに苦言を呈しました。

しかも、その公民館が山奥につくられていると知った私はどうしても納得がいかず、なぜ安易に公金を投じて、何度もお願いした石岡市根当区民の要望は聞いていただけないのですかと問いただしたのです。根当区公民館のように住民が自分たちでお金を出し合い公民館をつくることもできるのであり、市が建てるということは税金を使うということなのだからもっと慎重に、そして市民の公平性を考えてくれなくては困ります、と私は市長に忠告しました。

市長は、申し訳ない、次からはよく考えるようにします、とのことでした。根当区公民館にまつわる貴重な経験をさせてもらえたからこそ、当事者の立場で自信をもって市長に話ができたのです。

法人本部があるこの地区のさまざまな会合のなかでも、繰り返し公民館の苦労話が話題にあがるほどで、相変わらず住民の皆さんは温かく私を歓待してくれます。そんな親愛の情に触れるたび、私は改めてこの地域社会のなかで自分が生かされていることの喜びを感じるのです。

第4章

独居老人や老老介護の問題にも
救いの手を

高齢者支援に欠かせない
「訪問介護」と「居宅介護支援」

ケアハウスの次の挑戦は「訪問介護事業」と「居宅介護支援事業」

ハートピア石岡とハートピア水戸、２カ所のケアハウスを設立してからわずか数年を経て、私は新しい挑戦に踏み出します。訪問介護事業、そして居宅介護支援事業がその対象でした。２０００（平成12）年４月、ハートピア石岡内に訪問介護事業所のハート24石岡事業所を、ハートピア水戸内には訪問介護事業所・居宅介護支援事業所のハート24水戸事業所を開設したのです。

１９９７（平成９）年に成立した介護保険法がいよいよ施行されるというタイミングで、ちょうど介護保険制度が動き出すのと時を同じくしていました。

当時の状況を今と比べれば、間違いなく隔世の感があります。介護保険以前は、高齢者が福祉サービスを受けたいと考えても、選択の余地がほとんどないという状況が当たり前でした。実際、行政の窓口に福祉を申請すると、市区町村や社会福祉協議会などの公的な団体が提供しているサービスを提示され、それを利用するか、利用を諦めるかのどちらかしか選べなかったのです。

これを、介護保険制度がすべて変えました。そのスタートによって、利用者自身が受けたいサービスの種類や量を選べるようになったのです。

介護保険を利用して福祉サービスを受けるためには、まず市区町村で要介護度の認定を受け、それに応じたケアプランを作成するところからが始まりです。その際に、自分は家で炊事や掃除を手伝ってくれる人が欲しいとか、一人暮らしは不安なのでどこかの施設に入りたい、あるいは、このまま家にいたいが家族の介護疲れが心配である、というように個人の要望を伝えれば、それを反映させたケアプランを立てることができます。

私たちが始めた居宅介護支援事業はこのケアプランの作成に携わりますから、いわば利用者それぞれが介護サービスを受け始めるときの最初の一歩を手伝う役割を担うわけです。

いよいよスタートする介護保険制度を必要とする人たちに、満足してもらえる福祉のサービスを利用してもらいたい。そのためには、信頼のおける介護支援事業所を開設するのが急務だと考えたのがそのときの私です。老人福祉施設での日々の仕事のなかで身につけつつあったノウハウや、利用者の方々に笑顔になってもらえるサービスを自宅で暮らす人にも届けたいという気持ちが、私を「訪問介護事業」と「居宅介護支援事業」に向かわせました。

「独居老人」や「老老介護」の社会問題化

日本の急速な高齢化進行とともに、さまざまな社会問題が明らかになっています。そのなかに「独居老人」や「老老介護」という言葉があります。

「独居老人」というのは、文字どおり一人暮らしの老人のことですが、２０２０（令和２）年の国勢調査ではこの単身高齢者は全国で６７２万人弱、前回5年前の調査時から13・３％も増加したことが分かりました。次の「老老介護」も同じなのですが、老人福祉施設の運営を始めていた私は、２０００年代に入る前からその増加傾向と問題化を肌身で感じていました。そしてその「老老介護」も文字どおり高齢者の介護を同じ高齢者が行っていることで、ここでいう高齢者は主に65歳以上とされています。

一人で日常生活の自由が利かなくなれば福祉施設への入居を考えればいい、というのはあまりにも単純で偏った考え方です。生活条件の面から施設は考えにくいという例があるだけでなく、そもそも人の世話になるのがイヤだとか、住み慣れた自宅を離れたくないといったケースはいくらでもあります。ただし、そう望んだ結果が独居老人や老老介護しかないというのでは、社会福祉が少しも機能していないといわれても仕方ありません。だからこそ、社会の高齢化進行が止められないなかで日本の福祉制度を見直すために動き出した介護保険制度には、自宅での高齢者福祉の仕組みがしっかりと盛り込まれました。私が新たに踏み出した訪問介護と居宅介護支援もそのなかに入っています。

訪問介護は利用者の自宅（暮らしている場所）にホームヘルパー（訪問介護員）がうかがい、身体介護や生活援助などを提供するサービスです。介護認定によって要支援または要介護1以上の認定を受けた人が利用できます。

一方の居宅介護支援は、ケアマネジャー（介護支援専門員）がケアプラン（介護サービス計画書）を作成したり、各種サービス事業者との連絡調整を行ったりして、利用者が適切な介護サービスを受けられるようにお手伝いする支援です。こちらも要支援または要介護1以上の認定を受けた人が利用できます。

訪問介護と居宅介護支援は、どちらも自宅で受けられる介護に関連した内容ですから、同じものだろうとか、利用の条件になった要支援と要介護は具体的にどう違うのかなどと疑問を感じる人もいると思います。実のところ、介護保険サービスの名称は似通ったものが多く、分かりにくくて混乱してしまうと不評を買うことも少なくありません。

介護保険制度に基づく介護サービスとは？

日本の福祉サービスにとっての一大転換点は、間違いなく介護保険制度でした。

私がハートピアとしての新たな福祉分野、訪問介護と居宅介護支援の仕事を始めたのと同じ時期、つまり２０００（平成12）年４月にこの介護保険制度はスタートしました。

そのベースになっている介護保険は、国民皆保険の一つで、誰にでもなじみ深い健康保険と同じく日本に暮らすすべての人が加入する公的医療保険です。原則として65歳以上であれば、介護が必要になったときにサービスを受けられるようになっています。制度が動き出してからは、高齢者福祉に関する事業はすべてこの介護保険法に則って進められるようになりました。

介護保険制度を簡単に説明すると、介護を必要とする被保険者に対してその介護費用の一部を給付するという仕組みということになります。

介護を必要とするかどうかの見極めを要介護認定といい、65歳以上（特定疾病がある場合は40歳以上）の人が住まいのある市区町村の窓口でその申請をすると、調査や判定などを経て、その人の要介護度が決められます。

要介護度は8段階に分かれています。介護の必要がない状態と判定されれば非該当、必要があると判定されたときは、その程度に応じて必要度の低い順に要支援の1・2、要介護の1・2・3・4・5という段階です。その区分によって、利用者（被保険者）の受けられる介護サービスの種類が異なります。また、利用者が負担する費用の割合も変わってきます。

ハート24石岡事業所とハート24水戸事業所の訪問介護や居宅介護支援は、すでに触れたとおり、要介護度が要支援または要介護1以上の人が受けられるサービスです。つまり要介護度が最も低い要支援1の人を含め、要介護認定を受けているすべての方が利用できる介護保険サービスということになります。

介護保険の利用者は市区町村で介護認定を受けたあと、介護サービスを利用するためにケアプラン（介護サービス計画）を作成します。ケアプランは自分で立てることもできますが、ほとんどの場合は居宅介護支援事業所に依頼して、そこに所属するケアマネジャー（介護支援専門員）にケアプランをつくってもらうことになります。

ケアマネジャーは利用者本人やその家族の希望、心身の状況、おかれている状況などを考慮しながら、どのサービスをどのように利用していくかをケアプランにまとめます。また、そのあとで利用者に代わってケアプランに基づいたサービスを提供する事業所と契約したり、適切なサービスが利用者に提供されるように事業者や関係機関との連絡・調整を進めたりするのもケアマネジャーの仕事です。

ここまでが介護保険制度のあらましです。福祉を必要とする利用者と介護サービスを行う事業者を結ぶケアマネジャーの役割がたいへん重要になることが分かるはずです。

介護サービスには26もの分類がある

介護保険制度に準じることに加えてさらに大変なのは、実際に利用することのできる介護サービスが多岐にわたっていることです。２０２３年現在、なんと26種類も用意されています。それぞれ似通っているものもありますし、利用の仕方やサービスを受ける場所の違いなど複雑ですから、専門家であるケアマネジャーの仕事はその点でも重要になってきます。

多少煩雑ではありますが、身近な介護保険制度の全体像を把握するためにも、ここで26のサービスを実際に使う場面ごとに7つに分類してまとめ直してみます。そのなかには高齢者向け福祉サービスを総合的に提供していくために、私たちがケアハウスや訪問介護・居宅介護支援に続いて乗り出したいくつものサービスも加わっています。

1．福祉としての介護サービスを受けるためのもの

◆居宅介護支援

福祉サービスの内容は介護サービスの利用に関する相談とケアプランの作成です。具体的には、要支援または要介護の認定を受けた人すべてを対象に、ケアマネジャーがケアプランを作成し、サービス利用の手続きを行います。さらにサービスの利用開始後も、利用者のさまざまな相談に応じます。

私たちのグループでは、このサービスを居宅介護支援事業所「ハート24水戸事業所」（２０００年４月～）、居宅介護支援事業所「ハート24石岡事業所」（２００２年11月～）で担当しています。

2．自宅で受けるサービス

◆訪問介護（ホームヘルプ）

要支援または要介護の認定を受けた人すべてを対象に、ホームヘルパーが利用者を訪問し、身体介護や生活援助などの支援を行います。

訪問介護事業所「ハート24石岡事業所」（２０００年４月～）、訪問介護事業所「ハート24水戸事業所」（２０００年４月～）が行っています。

◆訪問入浴

要支援または要介護の認定を受けた人すべてを対象に、看護職員と介護職員が利用者を訪問し、持参した浴槽を使って入浴の介護を行います。グループにはこのサービスはありません。

◆訪問看護

要支援または要介護の認定を受けた人すべてを対象に、看護師が利用者を訪問し、血圧・脈拍・体温の測定、使用している医療機器の管理、褥瘡（床ずれ）の処理、病状チェックなどをします。

訪問看護事業所「ハート24」（２００７年４月～）で担当します。

◆訪問リハビリテーション

要支援または要介護の認定を受けた人すべてを対象に、理学療法士や作業療法士、言語聴覚士などが利用者を訪問し、身体機能の維持回復に役立つリハビリテーションを行います。

訪問リハビリテーション事業所「小美玉敬愛の杜」（２０１７年12月～）、訪問リハビリテーション事業所「桜の郷敬愛の杜」（２０１８年４月～）、訪問リハビリテーション事業所「小川敬愛の杜」（２０１８年４月～）の３事業所で担当します。

◆夜間対応型訪問介護

要介護１～５の方が対象で、ホームヘルパーが夜間帯（夕方６時～朝８時）に利用者を訪問します。決まった日時に訪問する定期巡回と、急に体調が悪くなったときなどに訪問する随時対応の２種類があります。

夜間対応型訪問介護事業所「ハート24」（２００７年10月～）で担当します。

◆定期巡回・随時対応型訪問介護看護

要介護１～５の方が対象で、ホームヘルパーだけでなく看護師なども連携し、24時間３６５日体制で介護と看護の一体的なサービスを利用者に提供します。グループにはいまだこのサービスはありません。

３．施設に通って受けるサービス

◆通所介護（デイサービス）

要介護１～５の方を対象として、日帰りの施設（デイサービスセンター）で利用者に食事や入浴など日常生活上の支援を提供したり、身体機能向上のためのリハビリテーションを行ったりします。グループ活動など利用者同士の交流もあり、自宅にこもりがちな人の孤立感解消や、家族（介護者）の身体的・精神的な負担の軽減なども目的になっています。

通所介護事業所「ハートピア」（２００１年４月～）、通所介護事業所「はーとぴあ」（２００２年４月～）、通所介護事業所「桜川陽だまり館」（２００７年10月～）、通所介護事業所「石岡陽だまり館」（２００７年10月～）、通所介護事業所「松戸陽だまり館」

（2012年4月）、通所介護事業所「笠間陽だまり館」（2015年7月～）、通所介護事業所「双葉陽だまり館」（2015年8月～）の7事業所でサービスを行っています。

◆地域密着型通所介護

要介護1～5の方を対象として提供します。サービス内容は通所介護（デイサービス）と同じですが、住み慣れた地域で多様かつ柔軟なサービスを提供するために設けられた、地域密着型サービスの一つに含まれます。地域密着型サービスの場合は原則、事業所や施設がある市区町村に在住する人が利用できます。ただ、現在はグループにこのサービスはありません。

◆通所リハビリテーション（デイケア）

要支援または要介護の認定を受けた人すべてを対象としています。老人保健施設や病院、診療所などの施設で、食事や入浴など日常生活上の支援を提供したり、身体機能向上のためのリハビリテーションを行ったりします。

グループでは、通所リハビリテーション「小美玉敬愛の杜」（2012年2月～）、通所リハビリテーション「桜の郷敬愛の杜」（2012年7月～）、通所リハビリテーション「小川敬愛の杜」（2015年6月～）の3事業所で担当しています。

◆療養通所介護

サービス内容は通所介護（デイサービス）と同じですが、難病や認知症、脳血管疾患の後遺症がある人などのために、医師や訪問看護ステーションと連携しながら療養型の日帰り介護サービスを提供します。要介護1～5でかつ、常に看護師によるケアや観察を必要とする人が対象です。グループ内にはサービスがありません。

◆認知症対応型通所介護

サービス内容は通所介護（デイサービス）と同じですが、認知症患者を対象に専門的なケアを提供します。要支援または要介護の認定を受けた認知症患者すべてが対象です。

認知症対応型通所介護事業所「石岡陽だまり館」（2007年10月～）でサービスを行

います。

4. 短期間の宿泊サービス

◆短期入所生活介護（ショートステイ）

自宅で生活する方が介護老人福祉施設（特別養護老人ホーム）の空床などを活用した宿泊施設に、連続利用日数30日まで滞在することができます。要支援または要介護の認定を受けた人すべてが対象ですが、利用には、利用者の心身の状況や病状が悪い、あるいは家族（介護者）の疾病、冠婚葬祭への出席、出張、家族の身体的・精神的負担の軽減などの理由が必要です。

短期入所生活介護事業所「桜川陽だまり館」（２００７年10月〜）、短期入所生活介護事業所「石岡陽だまり館」（２００７年10月〜）、短期入所生活介護事業所「松戸陽だまり館」（２０１２年４月〜）、短期入所生活介護事業所「笠間陽だまり館」（２０１５年７月〜）、短期入所生活介護事業所「双葉陽だまり館」（２０１５年８月〜）、短期入所生活介護事業所「美野里陽だまり館」（２０２２年３月〜）の６カ所の施設があります。

◆短期入所療養介護

自宅で療養生活を送っている方が、医療機関や介護老人保健施設、介護医療院などで医療・看護を含めた介護を受けながら宿泊できるサービスです。連続利用日数は30日まで。要支援または要介護の認定を受け、なおかつ、常に医療ケアや看護師による観察を必要とする人が対象です。

グループ内の施設は3カ所で、短期入所療養介護「小川敬愛の杜」（２０１２年2月〜）、短期入所療養介護「桜の郷敬愛の杜」（２０１２年7月〜）、短期入所療養介護「小川敬愛の杜」（２０１５年6月〜）となります。

5. 訪問・通い・宿泊を組み合わせたサービス

◆小規模多機能型居宅介護

利用者の選択に応じて、通所介護を中心に短期の宿泊サービスや訪問介護を組み合わせたサービスを提供します。家庭的な環境を維持しながら地域の人々と交流をもち、自立した日常生活を送れるように機能訓練などを積み重ねます。要支援または要介護の認定を受けた人すべてが対象ですが、グループではサービス提供を行っていません。

◆看護小規模多機能型居宅介護（複合型サービス）

要介護1～5の認定を受けた人を対象として、小規模多機能型居宅介護の内容に加え、看護師による訪問看護も組み合わせることができる複合型サービスです。グループ内には現在、提供施設がありません。

6．施設で生活する入居型サービス

◆介護老人福祉施設（特別養護老人ホーム）

寝たきりや認知症の症状がある方をはじめ常に介護が必要な方が入居し、食事や入浴などの日常生活の支援や機能訓練のリハビリテーション、健康管理などを受けられる施設です。要介護3以上の認定を受けた人が対象ですが、要介護1・2でも特例的に入居が認められる場合もあります。

グループには６カ所の施設があります。特別養護老人ホーム「桜川陽だまり館」（２００７年10月〜）、特別養護老人ホーム「石岡陽だまり館」（２００７年10月〜）、特別養護老人ホーム「松戸陽だまり館」（２０１２年４月〜）、特別養護老人ホーム「笠間陽だまり館」（２０１５年７月〜）、特別養護老人ホーム「双葉陽だまり館」（２０１５年８月〜）、特別養護老人ホーム「美野里陽だまり館」（２０２２年３月〜）です。

◆地域密着型介護老人福祉施設入居者生活介護（地域密着型特別養護老人ホーム）

地域密着型サービスの一つで、入居定員が30人未満の特別養護老人ホームに入居し、日常生活の介護やリハビリテーション、療養上のケアなどを受けられる介護サービスです。施設の所在地と同じ市区町村に自宅があり、かつ要介護３以上の認定を受けた人が対象で、要介護１・２の人でも特例的に入居が認められる場合があります。グループではサービス提供を行っていません。

◆介護老人保健施設（老健）

病院から退院したあと在宅復帰を目指している人が、医療や看護、リハビリテーション、日常の介護などを受けながら生活することができます。入所期間は原則３カ月と決められ、終身利用はできません。要介護１～５の認定を受けた人で、かつリハビリテーションや看護・介護を必要としながら病気や症状が安定している人が対象です。

介護老人保健施設「小美玉敬愛の杜」（２０１２年2月～）、介護老人保健施設「桜の郷敬愛の杜」（２０１２年7月～）、介護老人保健施設「小川敬愛の杜」（２０１５年6月～）の３カ所の施設があります。

◆介護療養型医療施設

長期にわたって療養が必要な人が入居し、リハビリテーションや医療、介護などを受けながら生活する施設です。要介護３～５の認定を受けた人が対象です。グループには該当する施設がありません。

◆特定施設入居者生活介護（有料老人ホーム、軽費老人ホームなど）

指定を受けた有料老人ホームや軽費老人ホーム（ケアハウス）で、食事や入浴など日常生活の介護やリハビリテーション、見守りなどの支援を受けることができます。対象は施設によって異なり、介護の必要がない自立の人（要介護認定で非該当になった人など）が入居できる施設もありますし、医療ケアが必要な方が利用できる施設、すべての人を受け入れ可能な混在型の施設もあります。

ケアハウス「ハートピア石岡」（１９９５年９月～）、ケアハウス「ハートピア水戸」（１９９８年10月～）、介護付有料老人ホーム「ケアホーム常陸国府館」（２００９年７月～）の3施設がこれにあたります。

◆地域密着型特定施設入居者生活介護

地域密着型サービスの一つで、指定を受けた有料老人ホームや軽費老人ホームで、食事や入浴など日常生活の介護やリハビリテーション、見守りなどの支援を受けることができます。施設の所在地と同じ市区町村に自宅があり、なおかつ要介護１～５の認定を受けた人が対象です。グループではこのサービスを提供していません。

◆介護医療院

要介護１～５の認定を受けた人を対象として、長期にわたって療養が必要な人が、医療と介護を受けながら生活できる施設です。療養上の管理や看護、リハビリテーション、日常生活に必要なサービスが提供されます。グループではサービスの提供がありません。

◆認知症対応型共同生活介護（グループホーム）

地域密着型サービスの一つで、認知症の人がグループホームに入居し、見守りや日常生活の介護、リハビリテーションなどを受けられる介護サービスです。グループホームは５～９人の利用者が、介護スタッフとともに共同生活を送る少人数体制の入居施設です。施設の所在地と同じ市区町村に自宅があり、なおかつ要支援２以上の認定を受けた認知症の症状がある人が対象です。

３カ所の施設で展開しています。グループホーム「いろり端石岡」（２００１年４月～）、グループホーム「いろり端水戸」(2002年4月〜)、認知症高齢者グループホーム「ケアホーム日なた家」(2003年4月〜)です。

7. 福祉用具に関するサービス

◆福祉用具貸与

自宅で円滑な日常生活を送るために必要な福祉用具を貸し出すサービスです。品目は13種類あります。そのうちの手すり、スロープ、歩行器、歩行補助杖は要支援または要介護の認定を受けたすべての人が保険給付で利用できますが、車いす、車いす付属品、特殊寝台、特殊寝台付属品、床ずれ防止用具、体位変換器、徘徊感知機器、移動用リフトは要支援と要介護1の人は保険給付の対象外、自動排せつ処理装置は要支援と要介護1〜3の人は保険給付の対象外となります。

福祉用具貸与事業所「ハート24」(2003年3月〜)の担当です。

◆特定福祉用具販売

自宅で円滑な日常生活を送るために必要な福祉用具を販売するサービスです。入浴や排せつに用いるため貸与になじまない特定の5品目（腰掛便座、自動排せつ処理装置の交換可能部品、入浴補助用具、簡易浴槽、移動用リフトのつり具の部品）を販売します。グループでは提供施設をもっていません。

こうして書き出してみると、介護保険サービスの種類は本当に多岐にわたっています。しかもこの26種類に分類できないサービスも実際にあるのです。例えば、入居施設のバリエーションに関しては、ほかに住宅型有料老人ホームや健康型有料老人ホーム、サービス付き高齢者向け住宅なども存在します。

また、高齢者福祉施設として一般の認知度が高い老人ホームや入居施設について、改めてまとめ直します。こちらは大きく分けて公的施設と民間施設に分類され、それぞれに次のような内容となっています。好適施設を中心に26種類の介護サービスで触れたものも含まれます。

国や地方自治体、社会福祉法人、医療法人などが運営する「公的施設」
・特別養護老人ホーム
・養護老人ホーム
環境および経済的な理由で在宅生活が困難な方に自立支援を行う施設です。介護施設ではないため、介護が必要になると退去しなくてはなりません。
・介護老人保健施設
・介護医療院
・ケアハウス（軽費老人ホーム）

民間企業が運営する「民間施設」
・介護付き有料老人ホーム
・住宅型有料老人ホーム
日常の生活援助サービスを受けられますが、介護施設ではないため、介護や医療が必要な場合は外部サービスを利用します。

・健康型有料老人ホーム

介護の必要がなく自立生活ができる方のための施設です。

・サービス付き高齢者向け住宅

安否確認や生活相談を受けることができる、バリアフリー設計の賃貸住宅です。

・シニア向け分譲マンション

生活支援を受けることができる、バリアフリー設計の分譲マンションです。

・グループホーム

なお、公的施設は介護保険施設とも呼ばれ、利用者は月額費用を低く抑えられるなどのメリットがあります。一方の民間施設は費用が高めである一方、幅広いサービスを受けながら快適な生活を送れるというメリットがあります。

これが、行政が取り組む現行の介護の現状です（２０２３年2月現在）。私がケアハウスを開業した当初に比べると、そのサービスは非常に細やかになり、心強い限りです。こうして改めてまとめてみると、今後は、私たち現場の声が行政に届き、速やかにより良い方向に進む一助になるよう真心のこもったシステムを構築せねば、と思いを新たにさせられます。

介護サービスを受け始めるときに必須の「ケアプラン」を作成

ケアハウスの次に居宅介護支援と訪問介護の事業に参入した理由は、2カ所のケアハウスを運営しているなかで、どうすれば利用者が介護保険制度を上手に活用できるようになるだろうかとか、多くの人に元気で長生きしてもらうには自宅での自立生活をもっと応援するべきではないか、と考えたことがきっかけでした。

これを実現するために必要な次の一手が、居宅介護支援事業所を開設して優秀なケアマネジャーを増やすことと、訪問介護事業所を始めて利用者の在宅生活をバックアップする強力なホームヘルプを安定的に供給することでした。

もちろん居宅介護支援事業所をつくったからといって、それだけで利用者それぞれの希望や必要性を反映させたケアプランを立てられるわけではありません。実際にケアプランを作成するのはケアマネジャー（介護支援専門員）であり、居宅介護支援事業所はそのケアマネジャーが所属する機関ということになります。つまり、利用者それぞれの状況に応じて、最適なケアプランを立てられるような優秀なケアマネジャーに集まってもらわなければなりません。

　ケアマネジャーというのは、介護支援専門実務研修受講試験に合格し、実務研修を経て、介護支援専門員証を交付された人だけが就くことのできる専門職です。受験資格をもっているのは、医師・看護師・社会福祉士・介護福祉士など保健医療福祉分野の国家資格を取得して５年以上等の実務経験がある人か、または生活相談員・支援相談員・相談支援専門員・主任相談支援員など介護施設の相談・援助業務で５年以上等の実務経験がある人と決まっています。

　医師、看護師、メンタルクリニックのソーシャルワーカー、そして長年の実績がある介護のプロと、ケアマネジャーはいろいろな経歴の持ち主がいて、この点が利用者のケアプランを作成する際に大いに役立つと私は考えています。

医療的なケアが必須だったり、認知症の症状が出てきて不安にさいなまれていたり、要介護度が上がって今後のために何を優先するべきか分からなかったり――利用者それぞれの抱えている問題に応じて、専門性に裏打ちされた得意分野を発揮できるのはすばらしいことだと思います。

また、居宅介護支援は特定のサービスや事業者に偏ることなく、公正中立に選択していく公平性と視野の広さも必要です。豊富な人材が知恵や経験をもち寄り、利用者にとってベストな選択のケアプランが作成できるように、私も自由で開かれた事業所の環境づくりを心掛けています。

うれしいことに、設立以来、居宅介護支援事業所のハート24水戸事業所とハート24石岡事業所は、優秀で向上心のあるケアマネジャーに恵まれています。ケアマネジャーはケアプランが完成したあとも、それに基づいて各種のサービス提供事業者と連携したり、利用者の希望や必要性に応じてサービスの種類を変更・調整したりします。

利用者にとっては介護面のすべてを統率してくれるリーダーでもあり、困ったことがあれば何でも相談できるかけがえのない存在です。利用者から、ケアマネジャーは困ったことがあればほんとに何でも助けてくれると言ってもらうたび、私も喜びを感じますし、そうであり続けてほしいと願っています。

身体介護や生活援助で自宅生活を応援する訪問介護

もう一方の訪問介護事業所は、いわばホームヘルパーが訪問介護の仕事をするための拠点です。ホームヘルパーは必ずどこかの介護事業所に所属し、そこから利用者宅へ派遣される形を取ることが介護保険法で決められています。

訪問介護事業所は個々のホームヘルパーと契約し、訪問介護を必要としている利用者のもとへ派遣します。その契約には正社員のほかアルバイトやパートなど時間制の契約形態もあります。

ホームヘルパーの仕事は、利用者を訪問し、その利用者ができるだけ自立した日常生活を送れるように身体介護や生活援助などのサービスを提供することです。訪問先は自宅だけでなく、例えばケアハウスで生活している人のもとへうかがうように、その人の入居施設を訪問する場合もあります。

身体介護に含まれるのは、食事・排せつ・入浴・着替え・移動・移乗（ベッドから降りて車いすに乗るなど）の介助や、口腔ケア（歯磨きやうがいなど）をする、体位変換をするといったサポートです。また、生活援助には食事の調理、食後の食器洗いや片付け、掃除、洗濯、ゴミ出し、生活用品の買い物などのサポートが含まれます。

ただしこれらは、あくまで利用者が日常生活でしなくてはならない作業を代行するという範囲内で行われます。家族のための家事やペットの世話、大掃除などは該当しません。

ところで、ホームヘルパー（訪問介護員）を資格の名前と誤解されている人も多いようですがそうではありません。職種の名前なのです。看護師の資格をもった人が職場によって訪問看護師になったり、病院勤務の看護師になったりするのと同じで、介護の仕事をしている人（ヘルパー）が訪問介護の仕事に就いた場合、ホームヘルパーと呼ばれるようになります。

確かに以前はヘルパー２級、３級などの資格名がありましたが、現在は資格制度の統一が図られ、資格試験そのものがなくなりました。現在の介護職に関する資格は、国家資格である介護福祉士をはじめ、介護職員初任者研修、介護福祉士実務者研修、生活援助従事者研修などがあります。これらのいずれかを取得していればホームヘルパーになれます。ただし、資格によっては、生活援助はできるが身体介護に含まれるサポートはできないといった業務上の制限もあります。

そこで訪問介護事業所は、生活援助だけを求めているこの利用者のところには、ホームヘルパーＡさんに行ってもらおうとか、生活援助も身体介護も必要なこの利用者の担当はどちらも得意なホームヘルパーＢさんがいい、というように利用者にふさわしいヘルパーを選んで配置しなければなりません。

訪問事業所にとってさらに重要な業務は、利用者が円滑に訪問介護を受けられるようにタイムスケジュールなどを管理することです。訪問介護は１回に１時間とか45分とか、短い時間数の依頼が多いものです。１週間に１回だけという頻度の依頼もよくあります。介護認定度などによって１カ月に給付されるサービス量が決まっているため、ほかに利用しているサービスとの兼ね合いで、訪問介護の時間数を抑えて設定するケースが多くなります。

ホームヘルパーの大半は時給制ですから、利用者が介護を必要とする日時に訪問してもらいます。利用者Aさんを訪問したあと、利用者Bさんを訪問してもらうというような場合もあります。そのタイムシフトを組むのが、訪問介護事業所にとって重要な仕事になっています。利用者には依頼のとおりの介護サービスを過不足なく届けなければなりませんし、ホームヘルパーには希望する時間帯に効率よく、気持ちよく働いてもらわなければなりません。これは決して忘れてはならないことです。

「元気で長生きする在宅生活」を応援するのが訪問介護

私の高齢者福祉に関する仕事に対するモットーは、お年寄りに元気で長生きしていただくためというものです。そして、高齢者福祉事業の最終的な目標はお年寄りの在宅復帰であると考えています。

お年寄りが元気になれば、介護の必要がなくなったり、たとえ介護が必要でもその量を減らすことができたりするでしょう。また、完璧に人の手を借りなくても自活できる状態に戻ったなら、大半の人は住み慣れた自宅で昔どおりの暮らしがしたいと思うはずです。

住み慣れた家の周りにはご近所の人たちや友達がいて、地域コミュニティーという社会が出来上がっています。その輪のなかに復帰することができれば、本当の意味で、元気で長生きすることの幸せを感じられるのではないかと私は思います。

実際、多くの人は私のケアハウスに入居するとき、許されるのなら今までどおり自宅で家族と一緒に暮らしたかったとか、家では一人で気楽に生活してきたから大勢の人と上手にやっていけるかどうか心配、といった不安を口にしていました。そういう人でも入居後は、ここは住み心地が良いとか、自室にいれば一人暮らしと同じく気楽で、部屋を出れば皆がいるから寂しくない、と言ってくれるのです。

しかし、ケアハウス暮らしの快適性とは関係なく、年老いたあとも住み慣れた自宅で今までどおり暮らしたいという感情は、人間が共通して抱える願望なのかもしれないと、高齢者の一人でもある私は考えています。そして、このような願望を叶えるためには訪問介護が欠かせません。

訪問介護は、高齢者の在宅生活のなかから不便や不安を取り除き、安心・安全な暮らしを安定して送れるようにお手伝いします。私の施設では、要介護1以上の認定を受けている人であれば、通院時などに事業所の車を使って送迎する介護タクシーのサービスも用意しています。また、主治医の指導で訪問看護師、介護福祉士、近親者が集まり、温かく見守られながら自宅で最期を迎える「看取り介護」も希望に応じて行っています。

顔なじみのヘルパーが定期的に訪ねてくることで、会話が広がって日々の楽しみにもつながるはずです。こうした理由から、自宅で元気に長生きするお年寄りを応援するために、私がすべき事業は何をおいても訪問介護だと考えたわけです。

介護保険制度の実施と同時に事業所を開設したこともあり、私はその後、地元では訪問介護の先駆者のような扱いを受けるようになりました。面映ゆい気もしますが、あの人のすることなら間違いないと地元の皆さんに信じてもらえるだけで、どんな苦労にも負けずに信念を貫くための原動力になります。

さらにあとになって、早期に訪問介護事業を始めて良かったと思う出来事がありました。なんと、ケアハウスの入居者のなかから、身体機能の低下などを感じて外部の介護サービスを利用する人が増加したのです。

ハートピア石岡とハートピア水戸は介護サービスを付帯しない一般型のケアハウスで、要介護認定を受けていない人でも利用できるシステムになっています。もちろん、要支援または要介護の認定を受けている人がもし希望されるのであれば、身体介護や生活援助などの訪問介護を外部のサービス提供事業者に依頼して個人的に受けることもできます。

ケアハウスに入居する方が訪問介護を希望された場合、その入居者のケアマネジャーが訪問介護事業所に連絡してホームヘルパーの派遣を依頼します。ところが、当時は付近に訪問介護事業所がほとんどなく、希望どおりの日時や回数で訪問してくれるホームヘルパーはなかなか見つかりませんでした。

私が始めた訪問看護事業所のハート24の石岡事業所は、ケアハウスのハートピア石岡の施設の近くに、水戸事業所はケアハウスのハートピア水戸の施設脇に事務所を併設しています。そのため、ケアマネジャーと訪問介護事業所との連携がとてもスムーズに運ぶようになり、入居者に不自由をかけることなく、希望に沿ったサービスの提供が実現したのです。

こうした現場の声をスピーディーに反映させ実行に移すことは、福祉の使命の一つでもあります。

第5章

「自然豊かでも立地が悪い」という
介護施設の通例を覆す

アクセス至便な郊外で
地域密着型トータルケア
システムを展開

介護施設だからこそ便利で明るい立地が必要

私が満足いく福祉施設にとって必要と考えている重要な条件の一つに、立地条件があります。人が暮らしていくことを想定すると、山奥の誰も通らないようなところでは、生活する気になれません。

また、自分が高齢者になって介護サービスを受ける身になったと考えてみれば、いくら年老いて虚弱になったとしても、人里離れた寂しい場所ではなく、笑い声が聞こえて活気のあるところで楽しく悠々と暮らしたいと思うのが普通の感覚だろうと私は思っています。

どれほど年齢を重ねようと、個人の尊厳を守ることが福祉の使命です。そしてその尊厳の基本は自然な心持ちを大切にすることが第一です。ですから、私の法人が運営する施設は、団地のなかや住宅地の近くでバス停・電車の駅から近い、人々の生活圏内に建てるようにしています。ただ、この条件を満たすのは簡単なことではありません。

希望する条件を満たす土地を見つけたら細かく計画を練って、分厚い書類を作成し、行政に提出します。とはいえ、こちら側がいくら文句のつけようのない完璧な計画ができたと自負しても、行政から簡単に認められるわけではなく、なかなか一筋縄ではいかないものです。さらには、いまだに介護施設に対する偏見をもつ方も少なくないため、周辺住民との兼ね合いを図る必要もあります。

そのうえで、最大の問題となるのは費用の面です。環境が良く便利な立地は、当然ながら高額になります。ずっと以前であれば、社会福祉法人ならば、ほとんどが補助金で賄えたと聞いたことがありますが、近年では、支給される補助金は微々たるものです。

補助金よりも多くの費用をかけていて運営は大丈夫ですか、と心配されることもありますが、補助金は国が決めているものですから仕方がありません。足りない分はどうにか金策に奔走し、経済的な采配をして赤字覚悟で知恵を絞る以外に方法はないのです。

エリアごとに複数の施設とサービスを備えるトータルケアシステム

2つのケアハウスを設立したのちに、訪問介護事業所・居宅介護支援事業所を開始したあとは、石岡と水戸を中心に、グループホームや特別養護老人ホーム、介護付有料老人ホーム、老人保健施設などさまざまな種類の高齢者施設を開設していきました。同時に通所介護事業所や訪問リハビリテーション事業所など、自宅で暮らす人に必要な各種の介護サービスを提供する事業も積極的に展開しました。

その結果、現在では、大きく石岡エリアと水戸エリアに分け、それぞれの地域に密着した幅広い高齢者福祉介護のトータルなケアシステムが稼働するようになっています。

そのうち、石岡エリアにあるのは次の施設と事業です。

・ケアハウス「ハートピア石岡」
（・認可保育園「はーとぴあ保育園石岡」）

・グループホーム「いろり端石岡」
・通所介護事業所「ハートピア」
・居宅介護支援事業所「ハート24石岡事業所」
・訪問介護事業所「ハート24石岡事業所」
・石岡市在宅介護支援センター「ねあたり」
・特別養護老人ホーム「石岡陽だまり館」
・介護付有料老人ホーム「常陸国府館」
・短期入所生活介護事業所「石岡陽だまり館」
・通所介護事業所「石岡陽だまり館」
・認知症対応型通所介護事業所「石岡陽だまり館」
・夜間対応型訪問介護事業所「ハート24」

そして介護サービス事業所がそろっています。

もともと私が最初の福祉サービスを始めた水戸エリアでは、

・ケアハウス「ハートピア水戸」
（・認可保育園「はーとぴあ」）
・訪問介護事業所「ハート24水戸事業所」
・ハート24　介護タクシー
・グループホーム「いろり端水戸」
・リハビリテーションサービスセンター「はーとぴあ」
・訪問看護事業所「ハート24」
などを展開しています。
これらの複数の事業を同じ地域で展開しているのには訳があります。それがトータルケアへの志向です。

もちろん、石岡、水戸の2地域に限らず、茨城県内で複数の高齢者施設を展開しています。
・特別養護老人ホーム「松戸陽だまり館」
短期入所生活介護事業所と通所介護事業所と居宅介護支援事業所を併設

・特別養護老人ホーム「美野里陽だまり館」 短期入所生活介護事業所を併設
・介護老人保健施設「小川敬愛の杜」
訪問リハビリテーションと通所リハビリテーションと居宅介護支援事業所を併設
・介護老人保健施設「小美玉敬愛の杜」
通所リハビリテーションと訪問リハビリテーションと居宅介護支援事業所を併設
・特別養護老人ホーム「桜川陽だまり館」
短期入所生活介護事業所と通所介護事業所と居宅介護支援事業所を併設
・特別養護老人ホーム「笠間陽だまり館」
短期入所生活介護事業所と通所介護事業所と居宅介護支援事業所を併設
・特別養護老人ホーム「双葉陽だまり館」
通所介護事業所と短期入所生活介護事業所・居宅介護支援事業所を併設
・介護老人保健施設「桜の郷敬愛の杜」
通所リハビリテーションと訪問リハビリテーションと居宅介護支援事業所を併設
（・認可保育園「はーとぴあ保育園桜ノ牧」）

というように、それぞれの基幹施設に複数の介護サービス事業を付帯させました。

これらの施設を建設するときにも、立地条件には大いにこだわりました。まず考えたのは、環境の良さとアクセスの良さを兼ね備えているかどうかということです。

高齢者施設はよく、緑深い丘の中腹や街の喧騒から離れた山里など、静かで気持ちのよい自然環境のみを重視した場所に建設するケースが多いように感じます。しかし、それに加えて交通の便の良いところ、国道沿いなど道路条件の良いところを選ぶべきだというのが私の持論です。

高齢者施設のなかには自然環境の豊かさを重視するあまり、人里から離れたあまりにも不便な立地条件になってしまう施設があります。ただあえて言うなら、そうしたたいへん不便な立地になってしまうのは気持ちのいい環境を重視するというよりも、土地価格や便利な立地は福祉施設以外の、例えば商業施設などの誘致をしたいという行政や住民の意向が働いて、高齢者施設の立地に影響を及ぼしてしまっているようにも感じます。しかし、それこそ本末転倒なのです。

現在、私が運営する施設はどれも街の中心部に位置しています。例えば、石岡陽だまり館はJR石岡駅から徒歩5分程度の好立地にあります。実はこの土地は、大きな造り酒屋を皮切りに銀行や遊技場を経て街の中心にありながら廃墟と化した建物が並ぶ治安の悪いエリアで、夜は怖くて大人も通れないといわれていた場所でした。

石岡市内の住民からも、この場所をなんとかしてほしいと再三言われており、私もどうにかして地域のためにひと肌脱ぎたいと思っていました。しかし地価が高く、これ以上の借金はできないと諦めようと思いましたが、そのたびに地域の皆さんの困惑する声が頭に浮かんできたのです。

結果、根気よく銀行に相談し、やっとの想いで融資を受けることができ、石岡陽だまり館と県内随一といわれるグレードの高い介護付有料老人ホーム常陸国府館を開設することができました。私の借金は増えましたが街は活性化し、夜間も電気がついて明るい施設ができたことで住民の皆さんの顔も明るくなり、また地域の治安も良くなったのです。好立地に施設を開業できたうえに、地域貢献もできるウィンウィンの関係となった、まさに理想的な形でした。

利用者に最適なサービスを提供できる喜び

　では、なぜ施設のエリアを集中させたかというと、その理由は一つではありません。ただ、その根底に据えていたのは、利用者の要介護度や必要性に応じて幅広いサービスのなかから選択がしやすいようにすることです。

　仮に、要介護度はまだ軽いけれど、一人暮らしなので先のことを考えると安心して生活できない、生きている間ずっと住めるような特別養護老人ホームに入って落ちつきたい、と入所を希望する人がいたとしましょう。特別養護老人ホームは残念ながら、要介護2以下は入居できません。その代わりとして、いったんケアハウスを選択する方法を提案します。

　ケアハウスは要介護の認定に関係なく、原則60歳以上であれば入居することができます。体力が落ちてきたら老人保健施設でリフレッシュし、ケアハウスに戻ります。そして、もし要介護3以上になってしまったとしても、その際に特別養護老人ホームへの入居を申請し、転居することもできるのです。

お年寄りのなかには、病気が治って退院したものの、いきなり在宅復帰するのは不安だという人もいます。入院以前、一度も介護サービスを利用したことがない方や、入院前より要介護度が上がり家族の介護負担が大きくなってしまったといった場合、退院後そのまま在宅療養に移るのはなかなか難しいものです。そのようなときは、病院から直接自宅に戻るのではなく、ひとまず老人保健施設に入って病後の療養生活に慣れるという方法があります。

老人保健施設は、日常生活の介護のみならず、医師や看護師による医療的管理や、理学療法士や作業療法士など専門職によるリハビリテーションなども受けられる入居施設です。利用できる期間は入居から3カ月間と決まっていますので、その間に体調を整え、衰えた身体の機能や体力も取り戻してから自宅へ帰ればいいのです。また、入居中に自分のケアマネジャーと相談しながら、今後の在宅生活に必要な訪問看護や訪問介護などのサービスを取捨選択することもでき、時間的な余裕も生まれます。

こうした施設間の移行をスムーズに済ませることができるのも、トータルケアシステムで各種サービスを提供している私たちならではのメリットだと確信しています。それと同時に、私はこのようなトータルケアシステムを導入した施設が増えることもまた、今後の福祉業界の重要な課題であると考えています。

少子高齢社会の到来にリンクした起業

そして今、私たちのグループ組織は、県内屈指の規模に成長しました。思えば、私の掲げた人生の目標と時代が移り変わるタイミングが、奇しくも合致したのかもしれません。実際、木村さんは先見の明があったとか、24時間体制の保育園経営は世の中の少子化に、高齢者福祉事業は高齢化にうまくリンクしたと言われることは少なくありません。

ただし、残念ながら、私には予知能力もなければ、優れた先見の明も備わっていません。ただひたすらに、忙しく働きながら子育てする父親や母親の役に立ち、高齢の方が元気で長生きできる環境を整えたいと考えて、この数十年間自分のできることを必死に頑張ってきただけです。

たとえ時代が違ってもその意志は変わらなかったと思いますが、確かに時代とうまくリンクしなければ、現在のように多くの利用者に喜ばれるような仕事には発展していなかったかもしれません。

１９９０（平成２）年から２０１０（平成22）年の間に子どもやお年寄りを取り巻く日本の社会状況は驚くほど大きく変化しました。そのキーワードは少子化、高齢化、健康寿命です。

まず、現在最も深刻な社会問題と考えられている少子化についてお話しします。今ではすっかり日常語となってしまった「少子化」という言葉は、私が保育園を始めた頃は日常のなかで耳にすることはまったくなかったと記憶しています。日本の出生率（正しくは合計特殊出生率といいます）が戦後最低の１・57を記録したのが１９８９（平成元）年のことで、世の中に「１・57ショック」と呼ばれる衝撃が走りました。１９９２（平成４）年度の国民生活白書が、初めて「少子社会の到来」という言葉を使ったことで、少子や少子化という言葉が一般化したようです。その後、少子化は国の重大な懸案事項となりました。さまざまな対策を講じているにもかかわらず、出生率は２０２１（令和３）年現在、１・30まで下がっています。

一方、すでに世界有数の超高齢社会となった日本の高齢化のスピードはより加速しています。２０１９（令和元）年に28・１％となった高齢化率は、２０２５年には30％を突破、２０５５年にはほぼ４割にまで達すると予想されています（総務省統計局などのデータから）。

一見、少子化と高齢化は別のことのように考えられますが、国民の年齢構成として考えた場合、子どもの数が減ることと高齢者の数が増えることは、少子高齢社会という一つの大きな問題であることが分かります。内閣府は、こうした少子高齢社会のことを、『平成16年版　少子化社会白書』で次のように述べています。

　本白書では、合計特殊出生率が人口置き換え水準をはるかに下まわり、かつ、子どもの数が高齢者人口（65歳以上人口）よりも少なくなった社会を、「少子社会」と呼ぶことにする。わが国では１９９７（平成９）年に子どもの数が高齢者人口よりも少なくなったので、この年以降、少子社会となったことになる。そして、21世紀では、少子化の一方で高齢化が進展する「少子・高齢社会」（Aged society with a fewer number of children）を迎えている。

つまり、高齢者の数が子どもの数より増えれば少子社会であり、21世紀は併せて高齢化が進んでいるので少子高齢社会となるのです。すなわち、少子化と高齢化は切っても切り離せない問題だといえます。

やがて少子高齢社会がやってくるだろうということは、かなり以前から予測されていました。しかし、ここまで急速に少子化が進むというのは、ほとんどの人にとって想定外だったと思います。私にとっても、まさか自分が生きている間にこれほどまで急速に少子高齢化が進むとは予想していませんでした。

なぜなら、高齢者の人口推移はある程度は正しく算出できますが、出生率が将来どのようになっていくかを推計することは非常に難しいからです。

少子化の原因として、若い人たちの未婚率が高くなったことや、結婚しても子育てしにくい社会であるために子どもをもつことはできないと判断した結果が、今の状況を生み出しているといえるでしょう。

少子高齢時代を迎えた今、図らずも自分の仕事が日本社会そのものを支援する役割の一端を担っているように感じることがあります。しかし実際は、近い将来必ずや少子高齢社会が訪れるとか、これからのビジネスは少子対策と高齢者福祉が重大になるといった、何か明確なビジョンをもって起業したわけではありません。そんな計算が働くなら私はもっと早く、もっと要領よく、資金の工面や人材集めなどに大変な苦労をせずに悠々と事業を発展させることができたはずです。

ただただ地域に住む人や困っている人々の役に立ちたいと考えて仕事をしてきただけなのです。きれいごとに聞こえるかもしれませんが、私にとっては目の前にいる父親や母親が子育てをしやすくなり、高齢者が笑顔で元気に暮らせるようになることこそが働くモチベーションとなってきました。

「健康寿命」という概念の登場

少子社会と高齢社会のほかにもう一つ、私が仕事を始めたときにはまだ一般的でなかった概念に、健康寿命があります。これは世界保健機関（WHO）が2000（平成12）年に提唱した新しい指標で、厚生労働省は「健康上の問題で日常生活が制限されることなく生活できる期間」と定義しています。現在、世界屈指の長寿国になった日本は平均寿命と健康寿命の間にはおよそ10年の差があると報告されています。

誤解を恐れずに言うと、身体が不自由なうえに精神面でも不安定な状態で長生きをしても、生きているという充実感は得にくいと私は思っています。同時に、周りで支える家族の負担も増えていきます。それでは長寿の喜びが減少してしまいます。

課題は、健康寿命を延ばすことです。天寿をまっとうするその日まで、自分の身体を動かし、明日への目標をもって生きていく。その一助を担うのが、福祉の使命だと考えています。

不正や間違ったことは決してしないという信条

　もちろん、ここまで来るまでにはうれしい出来事ばかりでなく、人知れず歯を食いしばるような思いをしたことも往々にしてありました。むしろ、そちらのほうが多かったといってもいいかもしれません。高齢者福祉の世界に足を踏み入れた最初の頃、ある人に、どうして特養（特別養護老人ホーム）をやらずにケアハウスばかりを２軒も経営しているのかと聞かれたことがあります。ケアハウスはいわば、自立した元気な高齢者専用のアパートのようなものです。施設としては、家賃と食費しか収入源となりませんから、多くの利益は期待できず、収支でいえばよくてトントンなのです。そんな利益の少ないものをなぜ長いこと経営し続けるのか、と不思議がられたわけです。

　そのたびに、私が最初のケアハウスを設立するまでの険しい道のりを思い出しました。私は以前、ある国会議員の後援会長をやっていたことがありました。それを知る知人から、その方に一言頼めば施設に関する申請や要望も通りやすいのではないか、とアドバイスされたこともありましたが、そんなことはしないと断りました。それは真っ当なやり方ではないと思ったからです。

私は性格的に、不正や間違ったことはいっさいしたくないのです。いくら危機的状況で心が折れそうであっても、政治の力を利用してまで自分の希望を実現したいとは思いません。ましてや「福祉」という舞台に立つならなおさらです。

私は、自分の力の限りを尽くして、この地域になぜケアハウスが必要なのかを力説し、何度も県へ要請に行きました。そのたびに指摘される箇所を訂正したり、再び行政へ書類を提出したりしながら、やっと実現したのが最初のケアハウスなのです。それ以降は、県の公募に沿って一つひとつ着実に条件をクリアして、施設を増やしていくことができています。

私たちのグループは老人保健施設3カ所を運営しています。これに対しても他人からはよく、おまえはバカか、と言われたものです。というのも、老人保健施設というのは国から補助金が1円も出ないのです。土地代から建物代までのいっさいを自費で賄うことになります。
福祉法人でやるなら必要な資金は福祉法人が出さなくてはなりませんし、もし医療法人が立ち上げる場合でも補助金は1円もありませんから、医療法人が全額を出さなくてはなりません。

さらに、老人保健施設は医療を必要とする人が入る介護施設ですから、施設長は医師が務めることが義務づけられています。いっさいの治療を医師が担当しますが、このとき入居者に治療代は発生しません。つまりは、施設側にとって収益になるのは介護費用のみというわけです。

私たちにとって、二つめの老人保健施設である「桜の郷敬愛の杜」は、茨城県が売り出している同名の団地に開設しました。桜の郷という団地です。ここにはすでに水戸国立医療センターという医療機関が準備されていました。県が桜の郷という名前で団地開発を行った際に、その中心に国立医療センターが建つことになったのです。

私はそこで自分の考える条件のすべてに適合する土地を購入しました。老人保健施設をつくるためです。希望者が何人もいるなかで競争入札を行い、実際に保証金を支払い入札して落札し、土地を確保しました。信号機のある公道十字路の一等地です。

ところが、そこで大どんでん返しが起きました。突然、落札済みの土地を返還してほしいと県が要請してきたのです。驚いて何度問い合わせても、詳しい経緯や理由の説明はいっさいありません。県の担当者である介護保険課長は、いろいろと考えたけれど、木村さんでは無理だから返してくれ、の一点張りでした。

私は、これは不正だと強く抗議し、無理ではない証明を公認会計士とともに再三説明するとともに、なぜそのようなことをするのかと追及しました。しかし結局、理由は分かりません。おそらく、政治的な力が働いたのだと推測するしかありませんでした。当然、納得などできません。しかし、すでに運営しているグループ全体への影響なども考え、私たちの役員全体にも諮《はか》った末に県の要請を受け入れることにしました。ただし、桜の郷に老人保健施設が必要だという考えは変わりませんでした。

結局、再度の入札で手に入れた新しい土地に創設したのが、現在の老人保健施設である「桜の郷敬愛の杜」です。当初の場所と比べれば金額は同じでも立地や環境には雲泥の差があります。悔しく思った私は、ならば茨城県内のどこにもない、どこよりもグレードの高い立派な老人保健施設をつくろうと決意しました。

そしてできあがったのが、ＲＣ（鉄筋コンクリート造）３階建てのプール付き施設です。屋上には自家発電装置を備え、大規模災害等で停電になっても自動的に作動して施設の電力供給にはいっさい影響はありません。深い井戸も掘削しましたから、水にも困りません。通常の水道が使えなくなってもすべて自家水道に切り換えることができます。

また、当グループの施設のガスはすべてバルク供給システムです。都市ガスは引かずに安全性を確保したタンクを設置し、ガス管が切れるなどの事故が万が一にも起きないようにしています。

私の行動の大元にあるのは、正しいと思う行いをする、という信念です。それは特別なことでもなんでもなく、むしろ人間としてごく当たり前のことだと考えています。私は、これまで生きてきて不正や間違ったことには何一つ手を染めていないと断言できます。例えば、よく不正の温床とされる入札一つ取っても、郵便入札ですから談合や不正が入り込む余地は皆無でした。

福祉はやはり、世のため、人のためであるべき、それを第一にすべきというのが私の土台にあります。

もしもあのとき、ケアハウスではなく特別養護老人ホームを運営すれば、自費は出さないで済みました。保育園もそうです。高齢者福祉の事業の多くが補助金と不可分となってきた世の中の流れに逆行するかもしれませんが、今もほとんど自費経営です。確かに一部補助金をいただいてはいますが、大部分は自費で賄っています。それでも私たちがつくった施設は、県内でも指折りの大きな法人グループになりました。

今になって、どこでどうなったのかな、とか、あんなに借金まみれになっていた私がどうしてこうなっているのだろうかと、本当に不思議に思うときがあります。今でも決して楽なわけではありませんが、私がやってきたことそのものは間違いではなかったと思っています。

福祉の世界に足を踏み入れた私のスタート地点となったのは、子どもを育てる環境づくりです。ベストな形で環境をつくってあげれば、子どもはいい子に育ちます。そのような子どもを一人でも二人でも世の中に送り出すことができれば、日本が豊かないい国になるだろうと思うのです。これを福祉に携わるすべての人が意識し、実践していくことで、最終的には大きな変化をもたらすことになります。

私の保育園からは今まで700人以上の子どもが巣立っていきました。毎年、何十人かが卒園します。みんな協調性や思いやりがあり、人をいじめたり乱暴したりすると、自分も痛い目に遭うと分かっています。子どもたちは皆、真っ白なキャンバスをもっていて、いろいろな形を通じて、相手の立場になることや忍耐力を培い、温かい心をもつ人間へと育っていきます。

こうして成長した子どもたちが、日本という国の根本をつくっていくのではないでしょうか。そしてお年寄りについては、何よりも元気で長生きしてもらうことが大事です。ぜいたくをしたり、高額な治療費や介護費をかけたりして長生きするのではありません。無理をすることなく、自然で、穏やかな生活こそが、元気の源になっていきます。

いい子どもが育つ環境をつくること、お年寄りに元気で長生きしてもらうこと、今の日本にいちばん必要なのはこの二つだと私は思います。

第6章

福祉の未来をつくるのは
「豊かな人材」

利用者の笑顔が100年後も
続くためには

介護に携わる人材を大切に育むことが業界全体のレベルアップにつながる

子どもを相手にした仕事であれ、老人に寄り添う仕事であれ、福祉というサービスは人間と人間のつながりから成り立っています。みんなでお互いを大切に思って支え合い、人に喜んでもらうのが福祉の本質なのです。高齢者福祉を担う介護職の人たちを中心に、それをいつも意識してほしいというのが私の気持ちです。

ここのところ、ホームヘルパーに限らず、高齢者福祉を担う介護職の人材不足が大きな問題になっています。就職難の影響もあるせいか、介護の仕事に就いてくれる若い人は多いのですが、離職率の高さは相変わらずで、施設を運営する側にとっては頭を抱えてしまうような状況にあるといえます。

利用者に提供する介護の質を高めるためにも、介護の仕事に誇りと働き甲斐をもち、長くキャリアを積んでもらうことが大切であることはいうまでもありません。経験も知識も豊富な志高い介護職員を、一人でも多く増やしたいと心底思っています。

その思いからも、私は社員に限らずハートピアグループの仕事に関わってくれているスタッフ全員を大切にしているという点には自信をもっています。彼ら彼女らが、利用者から、いいヘルパーさんですねとか、本当に助かっています、と誉められることが、私の大きな誇りとなります。

そうした信念を結実させる形で、２０１５（平成27）年には専門的に福祉を学ぶための専門学校、ハートピア福祉学院を開院しました。資格取得の研修講座などを開いて優秀な人材を養成し、社会福祉の主たる担い手のレベルアップを図ることが目的です。そういった意図もあり、学院に受け入れるのは当グループの職員スタッフに限りません。ほかの法人や一般市民の人たちの受講も幅広くどんどん受け入れています。

これから福祉の仕事を目指す人はもちろん、すでに福祉の一端を担い、これからもっと自分をブラッシュアップしたい、もっと知識を得たいというキャリア組にも門戸を開いています。このように福祉に対しての志をもち、自分の力を発揮していきたいと考える優秀な人材を育成することもまた、私にとっての使命の一つです。

まだ開校から10年も経っていませんが、茨城県の県央・県南地区で介護・福祉の仕事に携わっている人を多数輩出しているのは非常にうれしいことです。資格取得者の増加やそれによる雇用機会の創出と促進を通じて、福祉の発展や地域社会への貢献により力を注ぐことができたと考えています。

スタッフマニュアルは徹底し、常にブラッシュアップする

すばらしいスタッフに働いてもらいたいというのは、どこの施設にも共通した気持ちでしょう。ただし、ハートピアグループは同業他社から人材を引き抜くようなことはいっさいしたことがありません。なぜなら人材不足は業界全体の問題だからです。私のところに優秀な人材が1人来ても、別の会社からその人がいなくなれば現状は何も解決していないのと同じことになってしまいます。

福祉施設を持続可能な事業にするためには、揺るがない志を同じくするスタッフを育て

ていくことが大事です。しかし、これは精神論だけで達成できるようなことではありません。大切なことを誰もが同じように身につけられるよう、スタッフ全員が理解できる言葉遣いや所作、気配りなどに関するベーシックなマニュアルを用意する必要があるのです。まずはそれを完璧に頭に入れてもらい、自分自身のものにしてもらうことが基本です。これは施設職員としての生き方ととらえてもらってもいいですし、人間として生きていくうえでの基本と考えてもらうこともできます。

基本を身につけたうえで、より柔軟な対応への準備が欠かせないことも当然です。具体的には、時代の流れによって変化する危機管理マニュアルや感染症対策マニュアルなど、その都度必要なマニュアルを作成し、スタッフに徹底してもらいます。特に２０２０（令和２）年からのコロナ禍の時期には、どの施設も同じでしょうが、対応に強い緊張感をもって臨んできました。

私の施設でいえば、現在１０００人以上の入居者を世話しています。そのただの一人たりとも新型コロナウイルスの感染で他界させるようなことがあってはいけないという、強い気持ちと決意で毎日を過ごしています。メディアではよく医療機関の緊張が報道されますが、医療機関の皆さんの気持ちは痛いほど理解できます。スタッフの誰か一人でも気を緩めたら、そこまでの努力は簡単に崩壊してしまいますから、気を緩めることはできません。

言葉にするのはまだ容易いのですが、現実は本当に気の張る大変な仕事です。命に関わる仕事であることを理解して、そんな仕事に従事することを誇りに感じてほしい。そんなふうにスタッフには繰り返し伝えています。

毎日、朝礼を実施し、毎月、施設長・事務長会議を開き、それぞれ日誌も提出してもらいます。そのなかで率直な意見を交換し、詳細な情報を共有しながら、我々はこうあるべきという信念のもと、一つひとつ問題をクリアしていきます。どんなに世の中が進歩して、便利な仕組みや道具が現れたとしても、大切なところは決して変わりません。結局は人が関わって成り立つ仕事ですから、人間同士のコミュニケーションがいちばん重要になってくるのです。

そのためには、スタッフそれぞれが意見を言いやすい、風通しのいい環境を現場に与えることが大事です。そうした環境をつくり、整えることこそが、私の最も重大な仕事だと信じてやってきました。

もちろん、私自身が率先して取り組みます。スタッフとの間に垣根をつくらないように、当たり前のことですが、彼らにできるだけ自分の気持ち――気になる点はもちろん、特に感謝の言葉を掛けたり、褒めたりすることで、気持ちを伝えるよう心掛けています。

引き抜きはもってのほか。できるなら日本人のケアは日本人の手で

福祉業界は慢性的な人手不足といわれます。いわゆる３Ｋ、きつい、汚い、危険なイメージがあるのかもしれません。それ自体は否定できませんし、その環境を変えていくことは急務ですが、解決には時間がかかってしまいます。一歩ずつでも諦めずに、自分たちと志を同じくする周りと協力しながら進む根気が必要です。

とはいえ、一度この業界に足を踏み入れた人のなかには、困っている人の役に立っているという実感を味わうことで福祉のすばらしさに魅せられる例が少なくないのも事実です。

自分を犠牲にしてでも他人の利益や幸福を優先して行動していくという、利他主義である仕事の奥深さに仕事の本質を見て、福祉が生涯の仕事と実感する人もいます。

性善説が過ぎると笑われるでしょうか。それでも私は誰の心のなかにも、こうした芽は宿っていると思うのです。そこに光を見出し、そこに賭けたいと常々思っています。人材は宝です。そのためにスタッフの育成をするわけですが、業界全体の成長を考えて自らの施設だけでなく、広く良質な人材、あるいは若くこれからの人材を登用していくことこそが大事だと考えています。その結果でしょうか、私の施設では人材募集をかけなくとも良いスタッフが集まってきてくれています。

手を挙げて面接に来てくれる人がいるのはとてもうれしいことですが、ただ、もしそれが「引き抜き」になってしまうようなケースは必ず断ります。そこは非常に大事な点です。言葉に出すことはないかもしれませんが、優秀な人材を奪われた施設が不快に感じるのは当然のことです。業界全体が協力体制を敷いてサポートし合っていくのが大切ですから、ほんのわずかな内輪もめの種にも気を配る必要があるのです。そうした理由で、ほかの施設を助けることはあっても、その逆になることには私は決して手を染めません。

一方で、ここ数年日本の介護業界の大きな力となってくれているのが、外国人看護師の存在です。私も過去に老人福祉施設でベトナム国籍の人を雇用したことがありました。ただ、それも一度きりのことで今は続いていません。基本は断わらせていただいているのです。とはいっても、決してそれは外国人に対する偏見や差別とか、彼らを軽視しているわけではなく、理由は別のところにあります。外国の人たちの真摯な働きぶりには感心させられますし、また、彼らに職業の門戸を開く大切さも私なりに十分理解しているつもりです。

それでもなぜ、外国人看護師を断るのか――それは、私たちが日本人であり、お世話をする相手もまた日本人だからです。

日本人が困っている日本人を助けることができずにいるからといって、気安く外国の人の手を煩わせて福祉を手伝ってもらうのはいかがなものか。それが私の根底にある感情です。どうしても納得できない気持ちが残ってしまいます。外国人のスタッフを雇用して手伝ってもらえばずいぶんと楽になる、とアドバイスをくれる人もいます。しかし、これは私の信念ですし、日本人としての使命だと思っているのです。

利用者とその家族は当然のこと、地域の人々とも通じ合う

福祉の根幹にある使命は、利用される方が年を重ねても、身体が思うように動かなくなっても、記憶があいまいになっても、人間らしくその尊厳を守ることができる。自由を奪われない、ということです。

例えば、我々が定期的に制作し、利用者やその家族、地域へ配布する広報誌にもその気持ちがこもっています。広報誌の誌面には何人もの利用者が登場します。認知症の人たちも、皆さん明るい笑顔を見せてくれます。私はこれが、お年寄りにとってなんの拘束もないという証明になると考えています。ニコニコしてひとつもストレスがたまっていない状態……これでないといけません。その笑顔のために我々がいて、だからこそスタッフは基本を忘れず、常にスキルアップを求められているのです。

開業以来、私のその想いが揺らぐことはありません。そのためにはどんな取り組みが必

要かを、私は常に考えています。

代表的な例は、施設内の行事です。利用者に喜んでもらうためにはどのような工夫が必要かをスタッフとともに考えています。月に一度開催する、利用者の誕生会や季節感のある行事、グループの保育園に通う子どもたちとの定期的な交流などが、いずれも利用者やその家族の皆さんから好評を得ています。

誰にとっても自由はとても大切で尊いものです。年齢を重ねることで、その自由がだんだん不自由へと変わっていくことは避けられませんが、だからといってそれを諦めろというのはあまりにも残酷で、私には決して認められません。施設を利用するようになっても毎日を同じように過ごすのではなく、いくつものイベントで日々に変化がつくことで人生を豊かに楽しんでほしいのです。

職員が知恵を絞り、手間暇かけて準備するイベントは施設内に限りません。日本ならではの季節感を味わうことのできる各種外出イベントがありますし、身体の自由がきかなくなって外出が難しくなっても、移り変わる四季を実感できるような催しを準備するのが我々の特徴です。

そして、もう一つ大事にしていることに、地域との交流とコミュニケーションが挙げられます。

ハートピアの集いと銘打った年に2回のイベントが、その代表的な機会となっています。利用者と家族に加え、地域の方々にも施設を見てもらうのですが、それを通じて老人福祉が地域のなかに自然と溶け込んでいることを、肌で感じていただけるようになることができればいいと思っています。

大学で学ぶ経済学に「企業市民」という言葉があります。なにやら難しいことのように思われるかもしれませんが、大切なのは利益を追求するのが目的の企業でさえ、地域など社会の良きメンバーであってこそ、意義があり発展につながるという意味合いがあります。

人は誰でも歳を取りやがて高齢者になります。そう考えれば、地域の方々にとって福祉は決して無関係なものではないはずです。

さまざまなトラブルや軋轢の多くは、無知や無理解から始まります。逆に交流と理解があれば地域に住む人たちも、自分が高齢になったときの安心感をもつことができるはずです。福祉施設が地域とつながることで、利用者や我々だけでなく地域にとっても大きなメリットが生まれていくようになる。それもまた福祉の使命だと私は思います。

一緒に働きたいのは「聞く力」のある人

介護スタッフを含むスタッフは年齢・性別不問で採用しています。なぜならいくつになっても、男性でも女性でもやる気のある人はいるからです。何より年齢や性別で線引きをしたら、私が利用者に伝えている、いくつになっても自由にやりたいことを続けるという信念に背きます。

では、どんな人とともに働きたいかというと、聞く力をもっている人です。自分で話すより、相手の話を良く聞ける人です。利用者は、経済面を始め、体調、精神面、家族や将来のことなどのさまざまな不安を抱えています。なかにはその不安を誰にも言えずに、つらい思いをしている人もいます。コミュニケーションのスタートは、まず心の扉を開いてもらうことからなのです。

そのためには常日頃から利用者に寄り添い、背中をさするような気持ちで心身のケアをすることが大事です。そうしたアプローチのなかで、利用者からの信頼を得て、彼らの不安を聞いていかなければなりません。もちろん、誰もが理路整然と話せる人ばかりではないと思います。しかし、それは本質とは違います。真摯に根気強く耳を傾けて、自分なりに理解して聞いていくことが何より大事です。

スタッフも十人十色ですから、正直、なかなか難しい人もいます。まずは利用者の声を丁寧に聞くことが大事と何度伝えても、利用者の要望や意見を聞かずに、自分の意見ばかりをポンポン話して、無意識のうちに利用者には話をさせないようにしてしまう人もなかにはいるのです。それでは良くありません。

私たち法人のスタッフの一員になった以上は、利用者と契約させてもらって、利用者が喜んでくれる日常を提供できなければ困る、もし、それと違ったようになってしまうようなら働いている意味はない、ということを日々、繰り返し伝えています。

そこで難しいのは、ただ聞くだけでもいけないということです。矛盾するようですが、よく利用者の話を聞き、気持ちに寄り添ったうえで、福祉のプロフェッショナルとして納得いく意見やアドバイスをすることで、初めて、利用者は安心します。

次に、そうした一連のやりとりを、私たちに正確に伝えてもらうことも大切です。どうしても問題が解決しない場合にも、上長や私に相談してもらいます。そのようにして、一スタッフと利用者の問題を法人全体の共通課題として取り組んでいくことで、スタッフの法人に対する信頼感は増し、私たちが提供する福祉の進化が見込まれます。

保育園と介護施設の連携に期待

45年間続けてきた私の保育園を卒園していった子どもたちは、遠からず１０００人の大台に乗ります。卒園後の彼ら彼女らと接するたびにいつも思うのは、誰もが協調性があって思いやりをもった人になっているな、ということです。そしてもうひとつ共通していると感じるのが、大きな忍耐力です。これらはどれも、今の時代の人間として非常に大切な力だと思います。実際、保護者からもそうした指摘やお礼を頻繁に受けるのです。

なぜだろうかと不思議に思って、その背景にあるものを考えました。いろいろな可能性が出てきましたが、やはりこれだとたどり着いたのは、結局、子どもを大切に育てる環境をベストな形でつくってあげれば、いい子どもが育つというシンプルな答えでした。

良質な保育は、しっかりと子どもたちを観察しながらつくった子どもを飽きさせないカリキュラムや、安全な環境のもとでもし親が夜遅くまで働いても安心して大切な我が子を預けられるホスピタリティーなど、さまざまな課題をクリアした環境づくりから生まれます。それを実現した環境のもとで、未来を担う子どもたちがすくすくと成長し世に出ていけば、日本は豊かな国になっていきます。

もちろん、未来ある子どもたちのなかから将来、控えめにいって一人でも二人でも福祉に携わる人材が育てば、茨城の小さな町の保育園にも十分に存在意義があるといえるのです。

実際、卒園生のなかには福祉に興味をもち、自らの職業として頑張っている子どもも出てきました。保育園にも親子3代で通っている人も少なくありません。成長し、母親、父親になった元の保育生を見ることがあります。みんな立派になったなぁ、としみじみ感慨を覚えながら、誇らしい気持ちになります。

私が手掛けた福祉は保育園、次が高齢者施設です。これは人の人生の始めと終わりだとも考えられます。人として生まれた以上、誰もが一生を通じて幸せに生きる権利をもっています。なかでもいちばん純粋なのが子どもと老人で、いちばん弱いのもまた子どもと老人です。私たちはそんな二つの年齢層を相手にしています。しかも、子どもと高齢者はお互いに良い影響を与え合うことができるのです。

私たちのグループでは、保育園の子どもたちとケアハウスをはじめとした介護施設の利用者とが、施設内の行事などで触れ合いをもつ機会を定期的に用意しています。こんな田舎の町でも核家族化が進み、身近に祖父、祖母がいない子どももいます。そうした子どもたちにとってはお年寄りとの触れ合いはたいへん新鮮なようです。家族にお年寄りがいる子どもたちにとっても、施設に入居するお年寄りが、まるで自分のおじいちゃん、おばあちゃんのように優しく接してくれるため、非常に親しみをもっているようです。

また、お年寄りの手を引いて歩いたり、新しいイマドキの情報をお年寄りに教えたりすることで、子どもたちも自尊心を育むことができ、誰かの世話をする充実感を知るようになります。子どもにとってのこれ以上の教育はありません。

一方、子どもたちと触れ合った際のお年寄りの笑顔はすばらしく、皆さんニコニコとして本当に幸せそうです。子どもたちとの触れ合いは、お年寄りにとってさまざまな感情を呼び起こす確かな刺激になっているのです。

これらのことから分かるとおり、子どもとお年寄り、双方の触れ合いが深まることで、福祉の幅はさらに大きく、深く広がっていくのです。

福祉法人の経営はガラス張りで

私の経営のモットーに、透明性のあるガラス張りというものがあります。福祉はこれでなければいけません。声を大にして言わなければならないと思っているほどです。福祉はその存在意義からして、ビジネス＝営利目的であってはならないのです。

ところが、日本全国を見渡せば、営利優先のビジネスをしている経営者が多いのではないかと私は感じてしまいます。内部留保など、福祉を隠れみのにして私腹を肥やすための甘い汁を吸っているところがたくさんあります。私は断じてこれを許すことはできません。それでは、日本の福祉の未来に大きな傷をつけてしまうことにもなりかねません。文字どおり、国を挙げてキャンペーンを張って、徹底的に査察をしてほしいとまで願っています。

もちろん、維持費は正統な要求です。高齢者福祉の仕組みそのものが、行政からの補助を抜きにしては経営が成り立たないように出来上がっています。さらに、それでも補助金がまだまだ足りないことは確かです。補助金を増額し、より公平なものに変更してもらうためにも、私腹を肥やす法人や個人を許してはいけません。大切なのは、良心に基づいて老人福祉に取り組んでいるかどうか。良心がないと、福祉は簡単にダメになってしまいます。

信頼は良心で経営を続けることで育ちます。ところが一般には、羽振りよく派手に活動をする経営者や、有料老人ホームをいくつか所有している経営者などが良し悪しの指標になりがちです。入居を検討している人からすると、あそこの経営者は（経営が）うまくいっているようだから、あそこに入居したい、となってしまうのです。

例えば、衆目を引くように事業を広げる経営者です。すべてがそうであるとはいいませんが、そういった経営者のなかには、利益をあげるためにはどうすればいいかだけを考える人も混ざっています。彼らにとっては、施設運営は福祉ビジネスなのです。

福祉はあくまで福祉であり、困っている人を助けるのが仕事。それが本道です。非常に乱暴な言い方ですが、福祉こそ、きれいごとでなければダメな事業です。運営者が懐を肥やすなどはもってのほか。だからこそ、福祉には透明性のあるガラス張りの経営が求められるのです。

未来に続く福祉の神髄

ここまで、100年先まで利用者の笑顔が続いていくために私たちができること、私たちの心構えを考えてきました。そこで本書をまとめるにあたり、私が考える理想の福祉についておろそかにできない大切なポイントを最後に挙げようと思います。

1 人の話に耳を傾けられる、真に聞く力のあるスタッフを育成し、確保する。

2 スタッフマニュアルは詳しくつくる。時代の流れに沿って臨機応変にリニューアルをする。

3 スタッフは人格と志を重視する。年齢、性別、キャリア（キャリアがなければ、グループの専門学校で学べばいい）は不問。また、日本人のケアは日本人がするのが基本で、外国人の手を煩わせない。

4 大切なのは、福祉業界全体の進歩である。常にそのことを念頭に置いて、人材の引き抜きなど他施設が困ることはしない。また、働く人々の待遇面向上のための努力は怠らない。それが福祉施設の運営者としての最大の仕事であり、そのための行政への定期的なアプローチを続ける。

5 福祉施設は営利に走らない。内部留保などはもってのほかで、常にガラス張りの経営を心掛ける。

6 高齢者には子どものパワーを、子どもには高齢者の知恵と温もりを。相互の関わりから生まれるものを大切にする。

7　福祉施設だからこそ、便利で明るい立地につくる。

8　利用者の笑顔のために、定期的に楽しい行事を企画、運営する。季節感を大切にする。

9　広いバルコニー、温泉施設などを筆頭に、でき得る限り施設内のホスピタリティーを充実させる。

10　栄養バランスの取れたおいしい食事を三食しっかりと提供する。

11　利用者はもちろん、その家族、地域の人々にまで、法人が取り組んでいること、法人の経営状態を定期的に報告し、率直な意見を聞く。

細かく考えるとこの何倍もの項目が立ちますが、最低限この11項目を念頭に、日々サービスをブラッシュアップしていけば間違いなく、利用者の笑顔が溢れる施設になると確信しています。利用者一人ひとりの笑顔の先には、地域社会の、そして超高齢化が始まっている日本という国の充実があります。

健康な高齢者が増えれば、介護保険の負担は軽減するでしょう。さらにいうなら、元気な高齢者が働き手となり、人手不足の解消の一助になる可能性もあります。そう考えると、私たちが担う福祉の未来は、可能性に溢れています。福祉は大きな地域貢献であり、ひいては日本をより良い豊かな国にするものである。それが私にとっていちばんの信念になっているのです。

おわりに

私が日頃から考えていた情熱に押し動かされ、福祉の世界に飛び込んでから半世紀近くが過ぎ、今、私は80代半ばになりました。

法人の認可を受けて20年、一方、それ以前に無認可保育園で福祉に取り組んだ期間は24年です。貧乏人が補助金なしで運営する無認可福祉のほうも、長く続けられたことに自分のことながら驚いています。

この間、あっという間だったような、いや長かったような……、今は不思議な感覚です。

思えば、24時間営業の無認可保育園を開設した1978（昭和53）年当時は、若さゆえに遮二無二、ただ情熱だけで周りを巻き込んで、突っ走っていました。振り返ればほほえましくもある時代ですが、保育士たちスタッフへの給与支払いに追われ、施設家賃の金策に追われ、それまで会社員として毎月定期的に入金されていた給与を懐かしく思うこともありました。

今月を乗り切れば保育費が入るから大丈夫、という自分への励ましは、結果、自転車操業になるだけという事実を前に砕け散りました。1カ月遅れで入金される保育費は、よほど莫大な額でもない限り、常に借金の補填にしかならないのです。開業当時はそんなことにさえ気づかない、経営の素人でした。

結果、お金を貸してくれる私の親族や友人には借りまくり、金融業者の門もたたきました。家を担保に入れて、生命保険に入って借金まみれになり、それでも保育園運営を続けました。ずいぶんあとになって、子どもたちから、借金の取り立てに脅されたことなんか、何回もあるよ、とも聞きました。

妻にも子どもたちにも苦労をかけましたが、だからといって、彼らが私を恨んでいるとか、自分たちをみじめに思っているということはなかったはずです。能天気に思われるかもしれませんが、なんとなくそう信じています。

いつでも、彼らは福祉に専念する私の背中を見てくれていたのだと思います。

日々金策に追われ、夢は夢でしかないのか、私が望んだことは所詮きれいごとに過ぎなかったのか、と心が折れそうになったとき、保育園に一通の封書が届きました。差出人は私の知らない人でした。誰からだろうと封を切ると、そこにはよれよれの1万円札が丁寧に伸ばされて2枚入っていました。同封の手紙には、施設運営、頑張ってください、とだけ書かれていました。不思議に思いましたが、その後も不定期に送金は続きました。

その人の清らかな心を想うと、涙が出るほどありがたく、このお金は使わずに大事に取っておこう、と思ったものの、私はほどなくその尊いお金を借金返済にあててしまったのです……。恥ずかしい話です。

そんなある日、知人から、保育園の前をバスが通るたびにバスとその行き先である保育園に向かって拝んでいるおばあさんがいる、という話を聞きました。

心当たりはなく、いったいどんな人だろうと不思議だったのですが、そのおばあさんは水戸から鹿島神宮に行く国道から少し入ったところの神社に足繁く通っているようでした。

私はあの心のこもった送金もその人からに違いない、と所持金をかき集めて、その神社を訪ねました。

そこは小さな廃れた神社で、祀られている弁天さまをおばあさんとそのご主人が二人で守っていたのです。二人はそれまでに相当な苦労を重ねて、人生は終わりだと思ったことも何回もあったそうです。健康も害して医者に見放され、絶望のなか、ご夫婦でこの地にたどり着いたと聞きました。

そんなおばあさんが、子どもを育てることを諦めないで続けてくれと私に言うのです。

「子どもはみんな神さまの申し子です。神さまからの授かりものです。だから、私は木村さんの事業がうまくいきますように、と保育園に向かって、毎日拝んでいます。子どもさんを大事にしてあげれば、あなたの事業は必ず成功しますよ」

おばあさんはそう言いました。

正直な話をすれば、日々金策に追われ、経済的に崖っぷちにいた私は、そうは思えないと内心疑いながらも、言葉ではそうですかと相づちを打って話を聞きました。おばあさんは、そんな私の手のひらに「妙」という字を書いて、拝んでください、と言いました。それを続けていれば、必ずいいことがあります。絶対に木村さんは成功しますよ、と教えてくれました。

私は、苦し紛れもあったのだと思います。その日から毎朝、先祖と神さまにご飯とお茶とお水を供える際に、手のひらに妙の字を書いて拝むことを、今も続けています。

今になって振り返っても、弁天さまのご夫妻との出会いは、不思議な体験でした。二人が私と話をするなかで、私に対して、この人は間違いがないと思い、子どもを大切にすれば、必ず喜ばれる。それは社会貢献になり、世のためになること。どんなに苦労をしても続けてくださいと応援してくれたことが、折れそうになった当時の私の心を支えてくれました。自分の方向が定まらない、最悪のときに、真剣に私の事業について考えてくれて、私の道に光を当て、方向性までも考えてくれたご夫妻でもあります。

また、二人との出会いは、どん底の生活のなかで私が人間としての誇りを取り戻せたきっかけにもなりました。

そうした偶然の出会いもありながら、私がスタートさせた福祉施設は現在、県内でも広く知られる法人グループになりました。どこでどうなって、こうなったのかなと、不思議に思うときがあります。

八方ふさがりの男が、見方によっては夢だけを無謀に追いかけているような事業、特に法人化していなかった前半の24年は非常に厳しい日々でした。それが、気がつけば今日まで無事に頑張ってこられたのです。福祉事業がどうにか軌道に乗ったのは、法人化してからのここ20年ほどですから、まだまだ苦労を重ねた時間には及びません。

経済的には今でも決して楽なわけではないのですが、それでも福祉事業をやってきたことが正しい選択だったという思いを確かに感じる日々です。

そうして数限りない苦難を乗り越えてきた私は、２０１６（平成28）年11月３日、図らずも日本国天皇陛下（現在の上皇陛下）から瑞宝単光章《ずいほうたんこうしょう》授与の栄に浴することとなりました。同月11日には妻の千恵子とともに、皇居豊明殿にて天皇陛下の拝謁を許され、直接ねぎらいのお言葉を賜り、生涯忘れられない貴重な経験となりました。

私をここまで導き、ご支援ご指導を賜った多くの皆さまに、衷心より深く感謝申し上げ、続けて精進していかなければならないと心したところです。

◇

現在、私は法人の理事長を務めています。同時に60人のお年寄りが生活するハートピア水戸の施設長でもあります。1年365日、午前中は理事長としての仕事や地域活動をし、午後はほぼハートピア水戸に勤めています。

正直、休みたいと思う日もあります。何もかも忘れてゆっくりしたいと思う日もあります。しかし、やはり仕事が気掛かりなのです。何か事故があったら……、地震や災害に見舞われたら……、この前、相談に来た利用者さんは大丈夫だろうか……、心配ごとは尽きません。

何より、施設長が好きだからここに来た、施設長がいれば安心ですという利用者の声を聞いたら、休むわけにはいきません。やはり私は、皆さんに喜んでいただくために働いているのだ、と実感します。

２０２２（令和４）年に１０５歳を迎えた利用者の女性がいらっしゃいます。その人がある日、ボールペンで大きな紙に丸を書いて、その中に私の名前をいくつもいくつも書いた作品をくださいました。

私はその力作を見て、完成までにどのくらいかかったのかと聞くと、彼女はボールペンを10本使い、２カ月はかかったと言いました。そして、これを飾っておいてください、この事業が成功するように……、と私に手渡してくれたのです。その日から、女性の作品を額に入れて施設長室に飾ってあります。

◇

数十年も前のことです。孔子の論語に「近きもの説（よろこ）べば、遠きもの来たらん」という言葉を見つけました。これは、弟子の葉公が政治について孔子に尋ねた際の答えです。領内の者が喜ぶ政治をしていれば、それを聞き、領外の者も必ずやってくるようになる、という意味です。

この言葉に出会ったとき、まさにそのとおりだと私は膝を打つ思いでした。施設でいえば、現在の利用者が満足いくような細やかなサービスを続けていれば、必ず周りの噂になって利用者が増える――特別な宣伝をしなくとも、施設の評判は良くなるはずです。また、この教えは人生そのものにもあてはまります。生きていくなかで最も身近な存在である家族を大切にすれば、人生は成功するということだとも思いました。ただし、その点では、恥ずかしながら私は胸を張れる立場ではありません。

さすがに妻の親族にお金を借りることまではしませんでしたが、そのほかからは莫大な借金を重ねて迷惑をかけました。そんな日々の生活は、家族に大きなストレスとなっていたはずです。

私ががむしゃらに福祉に打ち込むことで、休みはなくなり、子どもたちの学校行事に行くことはおろか、家族団らんの時間さえもありませんでした。家庭的ではない夫、冷たい父親でした。

それでも家族は、とりわけ子どもたちは、私の背中を見て真っすぐに育ってくれました。なんの後悔もないといえば嘘になりますが、子どもたちの成長を見れば、私の来た道、私の生き方のすべては決して間違っていなかったと自負しています。

そんな私の行動の原点は、母をおいてほかにありません。

母は決して身体が強かったわけではなく、むしろ虚弱といってもいい体質でしたが、その強い精神力で87歳まで生きました。子育てをしながら酒やたばこなどを扱う食料品・雑貨の店を切り盛りし、同時に農業や酪農でも汗をかいていたのです。そんな母の背中を見て、ときに母の仕事を手伝うなかで私は、忍耐力をもって、自分が信じることを最後までやり遂げることの大切さを学んだのかもしれません。

◇

「近きもの説（よろこ）べば、遠きもの来たらん」という思いでいえば、地域貢献が私の事業の原点です。

福祉に取り組む先にあるのは、地域貢献です。元気な高齢者が増えることで、地域は活性化し、健康保険や介護保険の負担も軽減されます。茨城の一地域から始まるこの活動が日本中をリードし、各地で元気な高齢者が増えれば、日本は今よりもっと豊かな福祉国家になるのです。

そのためには、福祉の本当の意味や本来の使命である、施設側の営利優先ではなく利用者が真に豊かで満足いく人生を送ることができる福祉施設が必要です。もっというなら、日本中の福祉施設がそうなって欲しいと私は切に願っています。

そんな日が来るまで、私はこれからも歩みを止めないつもりです。

木村都央（きむら・さとなか）

1937年生まれ。高校卒業後、日本専売公社（現在の JT）に勤務。総務部に配属され、人事労務を担当。女性の社会進出が厳しい現状を目の当たりにし、将来の少子高齢化社会に不安を抱き「社会の中からの保育支援」の必要性を痛感。41歳で早期退職して未経験の福祉業界に参入、1978年、早朝から深夜まで年中無休の私立赤塚中央保育園を開設。認可外で24年間経営を続ける。

1994年に社会福祉法人「愛の会（めぐみのかい）」を立ち上げ、健康長寿の必要性を痛感し本格的に高齢者福祉業界にも参入。「ケアハウス」「特別養護老人ホーム」「介護老人保健施設」「グループホーム」「有料老人ホーム」などを多数開設。訪問介護、看護、リハビリなどのサービス事業所の運営も行う。現在、茨城県石岡市・水戸市・茨城町・笠間市・小美玉市、千葉県松戸市で福祉事業を幅広く展開。グループ全体で18施設（30事業所）を運営中。「地域密着」と「地域貢献」、「真に喜ばれる福祉」をモットーとする。

本書についての
ご意見・ご感想はコチラ

福祉の使命

2023年3月15日　第1刷発行

著　者　　木村都央
発行人　　久保田貴幸

発行元　　株式会社 幻冬舎メディアコンサルティング
〒151-0051　東京都渋谷区千駄ヶ谷4-9-7
電話　03-5411-6440（編集）

発売元　　株式会社 幻冬舎
〒151-0051　東京都渋谷区千駄ヶ谷4-9-7
電話　03-5411-6222（営業）

印刷・製本　中央精版印刷株式会社
装　丁　　鳥屋菜々子

検印廃止

Printed in Japan
ISBN 978-4-344-94176-2 C0034
幻冬舎メディアコンサルティングＨＰ
https://www.gentosha-mc.com/